Gerenciamento do tempo

Brian Tracy

Gerenciamento do tempo

EDITORA HÁBITO
Avenida Recife, 841 — Jardim Santo Afonso — Guarulhos, SP
CEP 07215-030 — Tel.: 0 xx 11 2397-1019
contato@editorahabito.com.br — www.editorahabito.com.br
/editorahabito @editorahabito

GERENCIAMENTO DO TEMPO

Originalmente publicado em inglês sob o título:
Time Management

Todas as citações foram adaptadas segundo o Acordo Ortográfico da
Língua Portuguesa, assinado em 1990, em vigor desde janeiro de 2009.

As opiniões expressas nesta obra refletem o ponto de vista de seus autores
e não são necessariamente equivalentes às da Editora Hábito ou de sua equipe editorial.

Os nomes das pessoas citadas na obra foram alterados nos casos
em que poderia surgir alguma situação embaraçosa.

Todos os grifos são do autor, exceto indicação em contrário.

Editora-chefe: Sarah Lucchini
Editora responsável: Eliane Viza
Preparação: Jacqueline Mattos
Tradução: Marsely de Marco
Revisão de tradução: Elaine Azevedo
Revisão de provas: Eliane Viza
Coordenadora de design gráfico: Claudia Fatel Lino
Projeto gráfico e diagramação: Willians Rentz
Capa: Willians Rentz

1. edição: jul. 2024

Dados Internacionais de Catalogação na Publicação (CIP)
(Câmara Brasileira do Livro, SP, Brasil)

Tracy, Brian
Gerenciamento do tempo / Brian Tracy ; [tradução Marsely de Marco]. — 1. ed. — São Paulo : Editora Hábito, 2024.

Título original: Time management
ISBN 978-65-84795-26-6
e-ISBN 978-65-84795-27-3

1. Administração do tempo 2. Habilidades — Desenvolvimento 3. Planejamento I. Título.

23-141958 CDD-650.1

Índices para catálogo sistemático:
1. Administração do tempo 650.1
Inajara Pires de Souza — Bibliotecária — CRB PR-001652/O

SUMÁRIO

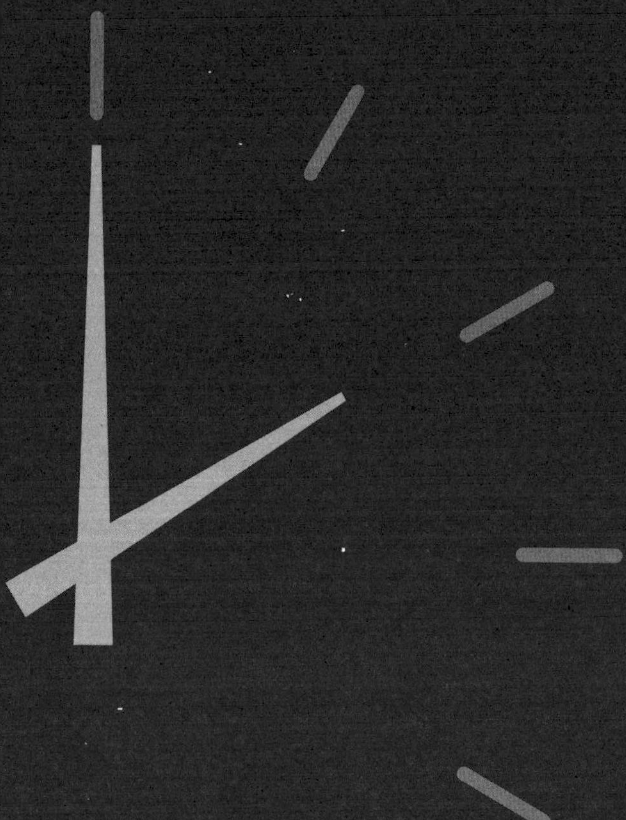

INTRODUÇÃO

A CAPACIDADE DE gerenciar o tempo, assim como qualquer outra prática na carreira de um executivo, é determinante para o sucesso ou o fracasso de uma pessoa. O tempo é o único recurso indispensável e insubstituível quando se quer realizar algo. É o ativo mais precioso de um executivo e não pode ser guardado nem recuperado se for perdido. Tudo o que precisamos fazer demanda tempo; quanto melhor o usarmos, mais realizações teremos e maiores serão as recompensas.

A gestão do tempo é essencial para se obter boa saúde, além de eficácia pessoal. Sentir que tem o controle do próprio tempo e da vida é um determinante importante para nossa paz interior, harmonia e bem-estar mental. A sensação de "não ter controle" do tempo é a principal fonte de estresse, de ansiedade e de depressão. Quanto mais conseguirmos organizar e controlar os eventos fundamentais da vida, mais nos sentiremos bem, mais energia teremos, conseguiremos dormir mais e realizar mais coisas; e tudo isso de forma mais rápida.

É possível ganhar duas horas produtivas a cada dia de trabalho, ou até mesmo dobrar a produção e a produtividade, usando as ideias e os métodos ensinados neste livro. Essas técnicas provaram ser bem-sucedidas para milhares de executivos em todos os campos de atuação, e serão muito úteis a você, contanto que possua o que chamo de os quatro Ds.

OS QUATRO DS DA EFICÁCIA

O primeiro D é o *desejo*: é preciso desejar intensa e ardentemente manter o tempo sob controle e alcançar a máxima eficácia.

O segundo D é a *decisão*: é preciso tomar uma decisão clara de que vai praticar técnicas de bom gerenciamento do tempo até que se tornem um hábito.

O terceiro D significa *determinação*: é preciso estar disposto a persistir diante de todas as tentações contrárias até conseguir se tornar um gerente de tempo eficaz. É o desejo que reforça a determinação.

E, finalmente, a chave mais importante para o sucesso na vida, o quarto D, é a *disciplina*: é preciso se disciplinar para fazer do gerenciamento do tempo uma prática ao longo da vida. A disciplina eficaz é a disposição de se forçar a pagar o preço e fazer o que sabe que deve ser feito, quando deve ser feito, quer sinta vontade de fazê-lo ou não. Isso é fundamental para o sucesso.

A recompensa por se tornar um excelente gestor do tempo é enorme. É a qualidade externamente identificável de alto desempenho versus baixo desempenho. Todos os vencedores na vida sabem fazer bom uso do tempo. Todos as pessoas que apresentam baixo desempenho na vida fazem mau uso do tempo. Uma das regras mais importantes para o sucesso é simplesmente "criar bons hábitos e fazer deles os seus mestres". Neste livro, você vai aprender a formar bons hábitos e deixará que eles também o formem.

O que você aprenderá neste livro são as 21 soluções mais importantes para um gerenciamento eficaz do tempo que quase todas as pessoas altamente produtivas descobriram e incorporaram em suas vidas.

Lembre-se de que o gerenciamento do tempo é realmente o gerenciamento da vida. Uma boa administração do tempo e a produtividade pessoal começam pela valorização da vida, de cada minuto dela.

FAÇA O QUE PODE, COM O QUE TEM, EXATAMENTE ONDE ESTÁ

Diga a si mesmo: "Minha vida é preciosa e importante, valorizo cada minuto e cada hora dela. Vou usar essas horas de forma apropriada para cumprir o máximo que conseguir, com o tempo que tenho".

A boa notícia é que o gerenciamento do tempo é uma habilidade empresarial, e todas as habilidades empresariais podem ser aprendidas. O gerenciamento do tempo é como andar de bicicleta, digitar em um teclado ou praticar um esporte. É composto por uma série de métodos, estratégias e técnicas. É uma competência que pode ser aprendida, praticada e dominada com determinação e repetição.

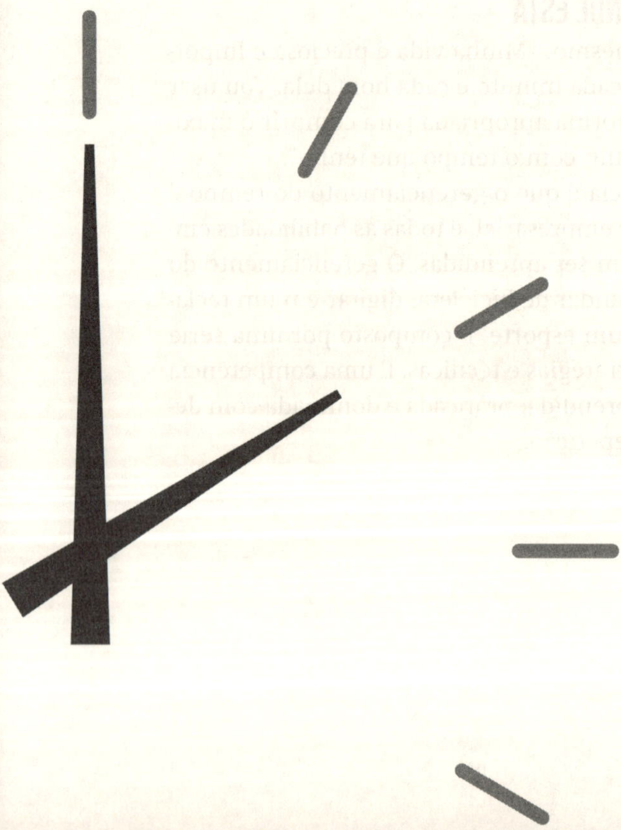

- UM -

A PSICOLOGIA DO GERENCIAMENTO DO TEMPO

A MANEIRA COMO VOCÊ SE CONSIDERA e se sente em relação a si mesmo determina em grande parte sua qualidade de vida. O núcleo emocional da sua personalidade é a autoestima, definida por "quanto você gosta de si mesmo".

A autoestima é amplamente determinada pela maneira como você usa a vida e o tempo no desenvolvimento de todo o seu potencial. Ela aumenta quando se trabalha de forma eficaz, e diminui quando não há eficácia no trabalho.

O outro lado da moeda da autoestima é chamado de "autoeficácia", e é definido de acordo com o quanto nos sentimos competentes, capazes e produtivos, aptos a resolver problemas, a trabalhar e a alcançar objetivos.

Quanto mais competentes, capazes e produtivos nos sentirmos, maior será a nossa autoestima. Quanto maior a autoestima, mais produtivos e capazes seremos, ou seja, um é suporte e reforço do outro.

As pessoas que administram bem o tempo se sentem positivas, confiantes e responsáveis pelas próprias vidas.

A LEI DO CONTROLE

A psicologia do gerenciamento do tempo baseia-se em um simples princípio chamado de Lei do Controle. Essa lei diz que você se sente bem consigo mesmo na medida em que sente estar no controle da própria vida. Ela também diz que você se sente negativo sobre si mesmo uma vez que sente que não está no controle da própria vida ou do trabalho.

Os psicólogos referem-se à diferença entre um lócus de controle *interno*, em que você sente ser o mestre do próprio destino, e um lócus de controle *externo*, em que você sente ser controlado por circunstâncias externas.

Quando se tem um lócus de controle externo, você sente ser controlado pelo chefe e pelas contas, pela pressão do trabalho e das responsabilidades. Você sente que tem muito o que fazer em um curto período e que não está realmente no comando do próprio tempo e da vida. A maior parte do que faz, hora após hora, é reagir e responder a eventos externos.

Há uma grande diferença entre *ação*, que é autodeterminada e direcionada a um objetivo, e *reação*, que é uma resposta imediata à pressão externa. É a diferença entre sentir-se positivo e no controle da vida, e sentir-se negativo, estressado e pressionado. Para exibir o melhor desempenho, é preciso ter um forte sentimento de controle nas áreas importantes dos negócios e da vida pessoal.

PENSAMENTOS E SENTIMENTOS

Em termos psicológicos, cada pessoa tem um autoconceito, um programa mestre interno que regula o comportamento em todas as áreas importantes da vida. Pessoas com alto autoconceito em relação ao gerenciamento do tempo consideram-se organizadas e produtivas. São muito responsáveis tanto na vida pessoal quanto no trabalho.

O autoconceito é composto de todas as ideias, fotos, imagens e, principalmente, das crenças sobre si mesmo, acima de tudo em relação à maneira como administra o tempo. Algumas pessoas se consideram extremamente bem-organizadas e eficientes; outras se sentem continuamente sobrecarregadas por demandas de outras pessoas e circunstâncias.

CRENÇAS SE TORNAM REALIDADES

Quais são suas crenças sobre si mesmo e a sua capacidade de gerenciar o próprio tempo? Você se considera um gestor de tempo altamente eficiente e eficaz? Acredita ser altamente produtivo e ter total controle da vida e do trabalho? Seja qual for a sua crença, se você acredita ser um excelente gestor do tempo, naturalmente fará coisas consistentes com essa crença.

É o autoconceito que faz com que nos esforcemos de forma contínua pela consistência entre a forma como nos vemos por dentro e a forma como atuamos por fora. Se você acredita que gerencia bem o tempo, será um bom gerenciador dele.

Você pode fazer todos os cursos sobre gerenciamento de tempo, ler todos os livros e praticar vários sistemas, mas, se perceber a si mesmo como um péssimo gerenciador do tempo, nada poderá ajudá-lo. Se desenvolveu o hábito de se atrasar para reuniões e compromissos, ou acredita ser uma pessoa desorganizada, esses hábitos passam a ser o seu comportamento. Se não mudar as crenças sobre os níveis pessoais de eficácia e eficiência, a capacidade de gerenciar o tempo também não mudará.

TOME UMA DECISÃO

Como você desenvolve novas crenças positivas sobre si mesmo e sobre seu nível de produtividade? Felizmente, não se trata de algo difícil. Basta simplesmente usar os quatro Ds: desejo, decisão, determinação e disciplina. O mais importante é tomar a decisão de desenvolver um hábito específico de gerenciamento do tempo, tal como chegar cedo para todas as reuniões em um futuro próximo. Toda mudança na vida acontece com a tomada de decisão clara e inequívoca de fazer algo diferente. Tomar a decisão de se tornar um excelente gestor do tempo é o primeiro grande passo.

PROGRAME A MENTE

Depois de tomar a decisão de se tornar uma pessoa altamente produtiva, há uma série de técnicas a serem praticadas.

A primeira é mudar o diálogo interior. Noventa e cinco por cento das emoções, e das ações ocasionais, são determinadas pela maneira como você fala consigo mesmo a maior parte do tempo. Repita para si mesmo: "Sou bem-organizado e altamente produtivo". Sempre que se sentir sobrecarregado, com muito trabalho, tire um tempo e diga a si mesmo: "Sou bem-organizado e altamente produtivo".

Afirme repetidamente para si mesmo: "Sou um excelente gestor de tempo". Se as pessoas perguntarem sobre a forma como você usa o tempo, diga: "Sou um excelente gestor de tempo". Sempre que você diz a si mesmo: "Sou bem-organizado", o subconsciente aceita essas palavras como um comando e começa a motivá-lo e levá-lo a realmente se tornar bem-organizado em seus comportamentos.

VISUALIZE-SE COMO QUER SER

A segunda maneira de transformar seus comportamentos é visualizando a si mesmo como um excelente gestor do tempo. Veja a si mesmo como uma pessoa organizada, eficiente e no controle da vida. Lembre-se de que a pessoa que você "vê" por dentro é a pessoa que você "será" do lado de fora.

Se você já é uma pessoa bem-organizada e altamente produtiva, de que forma poderia apresentar um comportamento diferente? O que seria diferente da maneira como você se comporta hoje? Crie uma imagem de si mesmo sendo calmo, confiante, altamente eficiente, mais relaxado e capaz de concluir grandes quantidades de trabalho em um curto período.

Imagine como seria uma pessoa altamente produtiva. A mesa da pessoa estaria limpa e arrumada? Será que a pessoa parece tranquila e relaxada? Crie uma clara imagem mental de si mesmo sendo uma pessoa no controle do próprio tempo e da vida.

AJA "COMO SE"

A terceira maneira de se programar é agir "como se" já fosse um bom gerenciador de tempo. Pense em si mesmo sendo bem-organizado em tudo o que faz. Se você já fosse excelente quanto ao gerenciamento do tempo, como você se comportaria? O que faria diferente? Com relação ao tempo e à produtividade pessoal, o que seria diferente da forma como faz as coisas agora?

Curiosamente, mesmo que você não se considere um bom gestor do tempo hoje, mas ainda assim finge ser, essas ações vão gerar uma sensação de eficiência pessoal. É possível realmente mudar as ações, os hábitos e os comportamentos quando se "finge até conseguir".

- DOIS -

DETERMINE SEUS VALORES

COMO O GERENCIAMENTO DO TEMPO equivale ao gerenciamento da vida, melhorar a produtividade pessoal começa com um exame dos valores. Uma das Leis de Murphy diz que, antes de fazer qualquer coisa, é preciso fazer outra coisa primeiro. Não é possível gerenciar o tempo adequadamente a menos que se saiba exatamente quais são os valores em que acredita.

Um bom gerenciamento do tempo exige ter o controle de uma sequência de eventos em harmonia com o que é mais importante para você. Se não for importante para você, então você nunca se sentirá motivado e determinado a controlar o tempo.

Pergunte a si mesmo: "Por que estou fazendo o que estou fazendo?". Por que você se levanta pela manhã? Por que faz o trabalho que faz? Qual é a razão de trabalhar onde trabalha?

SIGNIFICADO E PROPÓSITO

Toda pessoa tem uma profunda necessidade de significado e de propósito na vida. Uma das principais razões para o estresse e para a infelicidade pessoal é a sensação de que o que está fazendo não tem sentido nem propósito quando aplicado a você e aos seus valores e convicções mais íntimas. É sempre necessário começar com a pergunta “Por quê?”.

É possível se tornar uma pessoa mais eficiente ao usar as técnicas de gerenciamento do tempo, mas elas não terão utilidade alguma se a pessoa se tornar mais eficiente em fazer algo que não tem sentido algum para ela. Mais eficiência vai simplesmente aumentar o senso de alienação, de frustração e de ansiedade.

O QUE VOCÊ MAIS VALORIZA?

A próxima pergunta necessária é a seguinte: “O que você mais valoriza na vida?”. Com o que realmente se importa? Em que acredita? Em que você não acredita?

Você só vai se sentir realmente feliz, valorizado e valioso na medida em que as atividades cotidianas estiverem em harmonia com os valores em que acredita. Quase todo estresse, tensão, ansiedade e frustração, tanto na vida pessoal quanto no trabalho, surgem quando fazemos uma coisa apesar de acreditarmos e valorizarmos algo completamente diferente.

Há muitos relatos de executivos que vivenciam a síndrome de Burnout[1] como resultado do estresse no trabalho. Contudo, as pessoas que amam o que fazem e deixam todo o coração no trabalho por ele refletir seus valores raramente sentem estresse ou esgotamento de qualquer tipo. Quando vivemos de forma

---

[1] Síndrome de Burnout, ou síndrome do esgotamento profissional, é um distúrbio emocional com sintomas de exaustão extrema, estresse e esgotamento físico resultante de situações de trabalho desgastantes, que demandam muita competitividade ou responsabilidade. [N.T.]

consistente com nossos valores, parece que experimentamos um fluxo contínuo de energia, de entusiasmo e de criatividade. O estresse surge quando se trabalha em coisas que não são consistentes com os valores em que mais acreditamos.

Examine seus valores, suas crenças e suas convicções mais íntimas e pergunte a si mesmo que mudanças poderia fazer para deixar as atividades externas e as prioridades de vida internas mais alinhadas entre si.

VOCÊ É EXTRAORDINÁRIO

Perceba e aceite que você é uma pessoa única e maravilhosa, com valores que cresceram e evoluíram ao longo de toda a vida e que surgiram do resultado de inúmeras influências e experiências, fazendo parte do seu DNA psicológico e emocional, do seu caráter e da sua personalidade. Esses valores raramente mudam com o tempo, e o seu trabalho é determinar quais realmente são os seus valores mais íntimos, a fim de organizar a vida para que seja guiada de acordo com eles, quer seja no âmbito do trabalho ou na esfera pessoal.

ANALISE A SI MESMO

Observe quatro exercícios de conclusão de frases que podem ser usados para obter uma percepção melhor sobre a pessoa que você realmente é por dentro. Complete cada sentença:

"EU SOU..."

Se um estranho perguntasse: "Quem é você, de fato?", qual seria sua resposta? Quais são as primeiras palavras que você usaria para descrever a si mesmo em termos de trabalho, qualidades pessoais, esperanças, sonhos e aspirações? Selecione de três a cinco palavras para completar a frase: "Eu sou...".

Se você tivesse de entrevistar as pessoas ao redor, aquelas com quem vive e trabalha, e fizesse o mesmo questionamento sobre si mesmo, o que elas diriam? Como as outras pessoas o descreveriam em termos de valores e em relação à pessoa que você realmente é? Com base na maneira como você se comporta e trata outras pessoas, a que conclusões chegariam sobre a pessoa que você é por dentro?

"AS PESSOAS SÃO..."

Pense nas pessoas em geral, no mundo ao seu redor. Como você descreveria a raça humana? São pessoas boas, calorosas e amorosas? São pessoas preguiçosas, desonestas ou não confiáveis?

A resposta terá uma grande influência em como você trata outras pessoas em cada instância da vida. Ela vai determinar tudo o que realizará como executivo, bem como na vida pessoal, com a família e com os amigos.

"A VIDA É..."

A resposta pode parecer simples, mas ela representa toda a sua filosofia de vida. Pessoas positivas e saudáveis veem a vida como uma experiência maravilhosa, cheia de altos e baixos, mas certamente como uma grande aventura em geral.

Uma das minhas histórias favoritas é sobre um jovem que vai a um velho filósofo e diz:

– A vida é dura.

O filósofo responde:

– Em comparação a quê?

Como disse Helen Keller: "A vida é uma aventura ousada ou nada". O que é a vida para você?

"MEU MAIOR OBJETIVO NA VIDA É..."

Se você pudesse acenar uma varinha mágica e realizar um único grande objetivo na vida, qual objetivo, a curto ou longo prazo, teria o maior impacto na sua vida? Agora, complete as seguintes frases:

"Meu maior objetivo na carreira é..."

"Meu maior objetivo para minha família é..."

Essas são algumas das perguntas mais importantes e profundas que você pode fazer a si mesmo. E quando as respostas forem claras, o que não será fácil, pergunte quais mudanças precisam ser feitas, a fim de que o uso do tempo e as prioridades na vida fiquem mais alinhados entre si.

Napoleon Hill observou que a vida só começa a se tornar ótima quando decidimos claramente qual é o nosso objetivo mais importante.

Quais são seus objetivos mais importantes?

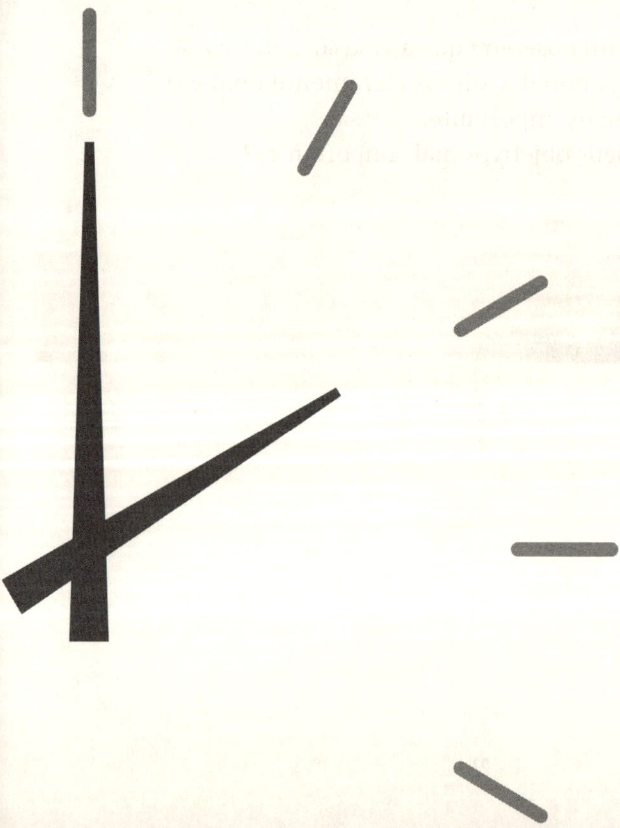

\- TRÊS -

ENTENDA SUA VISÃO E SUA MISSÃO

UM DOS MELHORES e mais profundos livros escritos nos últimos anos é *Rápido e devagar: duas formas de pensar*, de Daniel Kahneman.[1] A percepção do autor é a de que precisamos usar dois tipos diferentes de pensamento para lidar com a variedade de situações que enfrentamos em nossa vida diária.

O pensamento rápido é o que usamos para lidar com tarefas de curto prazo, responsabilidades, atividades, problemas e situações. Agimos de forma rápida e instintiva. Na maioria dos casos, o pensamento rápido é totalmente apropriado para nossas atividades cotidianas.

O segundo tipo de pensamento que Kahneman descreve é o pensamento lento. É quando damos um passo para trás e usamos mais tempo para pensar cuidadosamente nos detalhes da situação antes de decidir o

---

1 KAHNEMAN, Daniel. **Rápido e devagar:** duas formas de pensar. Rio de Janeiro: Objetiva, 2012.

que fazer. A percepção de Kahneman é que o fracasso em se engajar no pensamento lento, quando exigido e necessário, é a causa de muitos dos erros que cometemos na vida.

Para tornar-se excelente em gerenciamento do tempo e obter o controle da vida toda, é preciso se envolver no "pensamento lento" com frequência. Comece com a pergunta: "O que estou tentando fazer?".

PENSE ANTES DE AGIR

Muitas vezes nos vemos trabalhando muito duro, mas não temos tempo para recuar um pouco e pensar no que realmente queremos realizar.

Há a história do marido e da mulher que partem em uma viagem de carro de San Diego a Los Angeles. Ele não conhece a estrada, mas dirige a toda velocidade mesmo assim. A certa altura, a esposa diz: "Querido, Phoenix fica no caminho de Los Angeles?".

Ele então indaga: "Por que você pergunta?". Ela responde: "Bem, acabamos de passar por uma placa que dizia que estamos na estrada para Phoenix".

Ele responde: "Não importa. Estamos nos divertindo muito!".

Antes de pisar no acelerador da própria vida, é preciso ter clareza absoluta do que está realmente tentando realizar.

Em *O Dicionário do Diabo*, Ambrose Bierce escreveu que "o fanatismo consiste em redobrar os esforços quando os objetivos são esquecidos".[2]

Seu objetivo é criar uma vida grandiosa? Está tentando construir uma grande carreira ou realizar um

---

[2] BIERCE, Ambrose. **O dicionário do Diabo.** São Paulo: Carambaia, 2018.

grande trabalho? A habilidade de recuar e fazer uma autoanálise de forma introspectiva, por meio do pensamento lento, é essencial para se organizar de forma a se tornar a pessoa mais produtiva, que sente muito mais alegria, satisfação e felicidade em tudo o que faz.

TENHA O FIM EM MENTE

Seja claro sobre os resultados que deseja. Como Stephen Covey disse: "Comece com o fim em mente". Qual é o resultado, a conclusão, ou a realização pela qual se esforça para alcançar? Aonde quer chegar no final do dia? À medida que subir a escada do sucesso, certifique-se de se apoiar no edifício certo.

Está trabalhando para ganhar dinheiro suficiente e se sentir seguro e feliz? Está trabalhando por que ama o trabalho, ou por que sente que está em uma missão para realizar algo muito importante?

Como seria o seu mundo se conseguisse realizar seu maior objetivo? Qual é a sua visão para si mesmo e para a sua carreira a longo prazo? Qual é a sua missão? Que diferença quer fazer na vida de outras pessoas?

Se tudo pelo que estiver trabalhando for ganhar dinheiro suficiente para pagar as contas, será difícil construir e manter um alto nível de comprometimento e entusiasmo. Para ser verdadeiramente feliz e realizado, é preciso trabalhar para realizar algo maior do que você, e isso faz a diferença na vida ou no trabalho dos outros.

EXAMINE A METODOLOGIA

Quando você tem clareza sobre o que tenta fazer, deve-se perguntar o seguinte: "Como estou tentando fazer isso?". Toda vez que perguntar e responder a essas duas perguntas, terá valiosas percepções que permitirão olhar para a situação e saber se está no caminho certo.

Assim que tiver clareza sobre o que está tentando fazer e como está tentando fazer, deve então elaborar uma terceira pergunta: "Como vão as coisas?".

O que você está fazendo vai levá-lo em direção ao que quer da maneira mais rápida e eficiente? Está feliz com o progresso obtido? As coisas estão indo bem, ou há muitos bloqueios e obstáculos na jornada?

Acima de tudo, questione as suposições. Como Peter Drucker disse: "Suposições errôneas estão na raiz de todo fracasso".

Quais são suas suposições sobre o trabalho e a vida pessoal? Quais são suas suposições conscientes? Quais são seus pressupostos inconscientes e muitas vezes inquestionáveis? É surpreendente quantos trabalhadores exercem as funções com base em suposições falsas que jamais questionaram.

BUSQUE UM CAMINHO MELHOR

Ao refletir sobre a questão "Como vão as coisas?", deve-se também considerar outra pergunta importante: "Poderia haver uma maneira melhor?".

O fato é que quase sempre existe uma maneira diferente e melhor de atingir um objetivo empresarial. Essa outra maneira pode ser mais rápida, mais barata, mais fácil e mais eficaz.

Há uma bela frase que diz: "Há mais na vida do que apenas aumentar sua velocidade".

Muitas pessoas estão trabalhando muito duro, mas indo na direção errada e pelo caminho errado. Essas pessoas não têm clareza do que estão tentando fazer e de onde querem chegar, mas não querem enfrentar nem lidar com a possibilidade de estarem erradas. O processo de fazer perguntas difíceis requer o pensamento lento, mas pode aumentar significativamente a velocidade com que atingimos os objetivos empresariais, bem como nossa visão e missão.

- QUATRO -

PROJETE O FUTURO OLHANDO PARA O PASSADO

QUAL É O TRABALHO MAIS importante e valioso que pode ser realizado em qualquer campo ou profissão? É pensar! A capacidade de pensar claramente sobre o que fazemos e como fazemos terá um impacto maior nos resultados futuros do que qualquer outra ação tomada.

Existem algumas áreas no trabalho em que o "pensamento lento" é absolutamente essencial para alcançar o melhor desempenho.

Dedique trinta minutos ou mais por dia para revisar metas, planos e o progresso das atividades. O melhor momento para fazer essa revisão é logo pela manhã. Reserve um tempo para pensar, planejar, sonhar e criar. Todos os executivos excepcionais, bem como homens e mulheres altamente eficazes, utilizam esse tempo diariamente para pensar cuidadosamente no que fazer antes de começar. Você deve ler, rever, refletir e pensar no que faz antes de agir.

Ao longo dos anos, li centenas de biografias e autobiografias de homens e mulheres de sucesso em todos os campos. Um viés comum nessas biografias é que a verdadeira grandeza só emerge com a introspecção, retrospecção, solidão e contemplação. Você só vai alcançar a grandeza da sua capacidade quando começar a reservar um tempo regularmente para pensar sobre quem é, o que deseja e qual a melhor maneira de alcançar os objetivos.

Use o tempo de forma a avaliar sua vida e suas atividades em um contexto maior. Pense onde está hoje e onde você quer estar em cinco anos. Olhe para as atividades em que está engajado hoje e determine qual delas pode causar um impacto maior no futuro. Essa forma de pensar vai permitir o gerenciamento do tempo de uma maneira muito melhor do que você pode imaginar. Às vezes, apenas uma boa ideia adquirida em um período de solidão ou de contemplação pode poupar meses, e até anos, de trabalho duro.

PERSPECTIVA DE LONGO PRAZO

O dr. Edward Banfield da Universidade de Harvard conduziu uma pesquisa sobre as atitudes e os comportamentos de pessoas de alto desempenho por mais de 50 anos, tanto na América quanto no mundo todo. Ele identificou uma qualidade especial que parecia ser o diferencial entre o alto desempenho e o baixo desempenho, e chamou-a de "perspectiva de longo prazo". Banfield descobriu que as pessoas que alcançam alto desempenho reservam tempo para pensar no futuro, muitas vezes dez a vinte anos à frente; dessa forma, desenvolvem clareza absoluta sobre o que querem em termos de vida pessoal e profissional em determinado momento futuro. Em seguida, essas pessoas voltam ao presente e certificam-se de que tudo o que estão fazendo no momento esteja consistente com o que aspiram para o futuro.

Essa é uma técnica poderosa, também pode ser usada por você. Projete um, dois ou três anos à frente e imagine a situação de vida ideal em todos os sentidos. Crie uma imagem mental bem clara de como seria sua situação de trabalho se fosse perfeita. A partir desse ponto de vista do futuro, olhe ao redor e descreva a situação ideal tanto na esfera pessoal quanto na profissional. Depois, pergunte a si mesmo se o que está fazendo agora é consistente com a criação desse futuro ideal.

A partir dessa visualização do futuro, olhe para trás, para onde está hoje, e veja os passos que precisa dar para chegar aonde quer. Essa "volta do pensamento sobre o futuro" é uma prática de muitos altos executivos.

TOME DECISÕES MELHORES NO PRESENTE

Por exemplo, uma jovem decide que quer ser muito bem-sucedida nos negócios na vida adulta. Com essa clara perspectiva de longo prazo em mente, ela trabalha muitas horas extras para obter notas excelentes no ensino médio e se qualificar para uma boa faculdade. Na faculdade, escolhe cursos e estudos mais difíceis por muito mais tempo do que os colegas para se formar o mais próximo possível de ser a melhor da turma.

Como resultado de muitos anos de trabalho árduo e estudo, e adiando a gratificação imediata de festas, esportes e vida social, ela se forma com honra em uma universidade de prestígio e depois é contratada por uma grande empresa, tendo a oportunidade de receber mais e ser promovida mais rapidamente do que colegas de classe que não estavam realmente pensando no futuro em absoluto.

Quando se tem certeza de onde quer estar em algum momento no futuro, é muito mais fácil tomar decisões melhores no presente. A regra é que a visão de longo prazo melhora a tomada de decisões de curto prazo. É possível que você já tenha ouvido o velho ditado: "Se você não sabe aonde quer ir, qualquer caminho serve".

O hábito de desenvolver uma perspectiva de longo prazo é bastante poderoso. Ao projetar o futuro olhando para trás, no presente, muitas vezes será possível ver os passos que poderia tomar e os erros que poderiam ser evitados. Esse exercício vai ajudá-lo a cristalizar os valores, fornecendo as ferramentas internas para organizar o tempo e as atividades que faz hoje para que siga em direção à criação do futuro ideal.

PRONTO PARA TÉCNICAS DE GERENCIAMENTO DO TEMPO

Se você não estiver caminhando em direção ao destino desejado, não terá vontade de chegar lá mais rapidamente. Se não mudar a própria direção autodeterminada, não há sentido em gerir o tempo de forma a acelerar a velocidade para realizar algo. Estratégias e táticas de gerenciamento do tempo aplicadas sem uma visão clara de futuro o levarão a um destino que não interessa; a diferença é que você chegará mais rápido nele.

Assim que tiver clareza dos valores, da visão e da missão que deseja para a vida profissional e pessoal, além de saber exatamente o que deseja realizar e qual é a melhor maneira de alcançar esses objetivos, poderá então, e tão somente, começar a aplicar um pouco das poderosas técnicas de gerenciamento do tempo disponíveis a você.

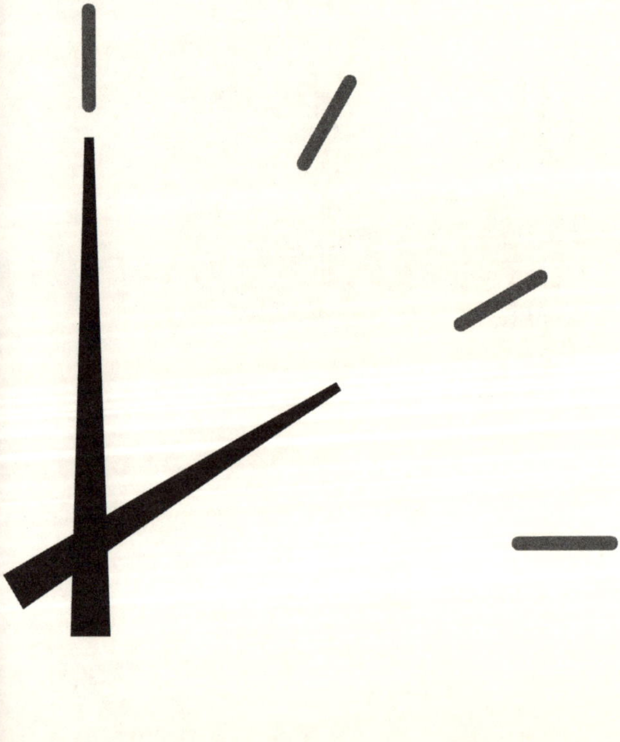

- CINCO -

COLOQUE SEUS PLANOS NO PAPEL

TODOS OS GESTORES DO TEMPO BEM-SUCEDIDOS são bons planejadores. Fazem listas dos vários tipos para realizar todos os objetivos, sejam eles grandes ou pequenos. Sempre que um novo projeto chega à mesa deles, reservam um tempo para pensar exatamente no que desejam realizar e, em seguida, escrevem uma lista ordenada, sequencial, contendo todas as etapas necessárias para a conclusão do projeto.

Existe uma regra que diz que cada minuto gasto no planejamento economiza dez minutos na execução. Quando se reserva um tempo, antes de iniciar o trabalho, para pensar por escrito em algo que precisa ser realizado, ocorre um retorno de 1.000% da energia pessoal, poupando dez minutos para cada minuto investido no planejamento do trabalho.

Assim que tiver clareza de quais são seus objetivos, faça uma lista de tudo em que pode pensar para que esse objetivo seja atingido. Continue acrescentando novos itens à lista à medida que eles forem surgindo, até que a relação esteja completa. Organize a lista de duas maneiras: por sequência e por prioridade.

Primeiro, ao organizar por sequência, crie uma lista de atividades em ordem cronológica, desde a primeira etapa até a final, antes da conclusão do objetivo ou do projeto. Parafraseando Henry Ford: "O maior objetivo não é difícil de ser alcançado se for dividido em pequenas partes".

Segundo, defina as prioridades desses itens, aceitando que 20% deles serão responsáveis por 80% do valor e da importância de todas as coisas feitas por você. Definir prioridades permite manter o foco nas tarefas e nas atividades principais sem que haja frustrações. Como disse Goethe: "As coisas que mais importam nunca devem estar à mercê das coisas que menos importam".

Revise os planos regularmente, principalmente quando sentir frustração ou resistência de qualquer tipo. Esteja preparado para revisá-los quando receber novas informações ou feedback. Lembre-se de que quase todo plano tem falhas, tanto grandes quanto pequenas. Procure-as continuamente. Ao revisar seus planos diariamente, novas ideias, perspectivas e percepções sobre como concluir a tarefa mais rapidamente, e melhor do que o que foi pensado inicialmente, vão surgir.

Ação sem planejamento é a causa de todo fracasso. Resista à tentação de agir antes de planejar com bastante antecedência.

PLANEJAMENTO PARA A REALIZAÇÃO DE METAS

Talvez a palavra mais importante relacionada ao sucesso de qualquer tipo seja clareza. As pessoas bem-sucedidas são muito claras sobre quem são e o que querem em todas as esferas da vida. Além das metas escritas, essas pessoas escreveram planos de ação e os seguem diariamente. Depois de definir um objetivo maior para você e para seus negócios, há quatro perguntas que devem ser feitas:

QUAIS SÃO AS DIFICULDADES E OS OBSTÁCULOS QUE SE APRESENTAM ENTRE VOCÊ E A REALIZAÇÃO DO OBJETIVO?

Por que o objetivo ainda não foi atendido? O que o impede de ser atingido? Qual é o obstáculo pelo caminho? Quais problemas precisam ser resolvidos, quais dificuldades devem ser superadas para que o objetivo final seja alcançado?

Entre todos os problemas que precisam ser solucionados, quais são os 20% que respondem por 80% dos obstáculos entre você e o objetivo?

QUAIS CONHECIMENTOS, HABILIDADES OU INFORMAÇÕES ADICIONAIS SÃO NECESSÁRIOS PARA QUE O OBJETIVO SEJA ATINGIDO OU O PROJETO SEJA CONCLUÍDO?

Lembre-se do ditado: "O que quer que o tenha trazido onde você está hoje não é suficiente para levá-lo mais longe".

Onde é possível adquirir o conhecimento adicional e as habilidades necessárias para atingir o objetivo? É possível comprar ou alugar conhecimento ou informação? É preciso desenvolver novas habilidades pessoais a fim de alcançar todo o potencial no trabalho? Quais informações são essenciais para a tomada de decisões certas para que o objetivo seja alcançado?

Como escreveu Josh Billings[1]: "Não é o que não sabemos que nos impede de vencer; nosso maior obstáculo é justamente o que sabemos".

---

[1] Pseudônimo de Henry Wheeler Shaw, humorista norte-americano no século 19. [N.E.]

QUEM SÃO AS PESSOAS, OS GRUPOS OU AS ORGANIZAÇÕES CUJA AJUDA E COOPERAÇÃO SÃO NECESSÁRIAS PARA QUE O OBJETIVO SEJA ALCANÇADO?

Às vezes, uma única pessoa pode dar ideias e apresentar percepções ou abrir portas para você, ajudando-o a alcançar muito mais do que jamais imaginou ser possível. Da mesma forma, muitos empresários entram em *joint ventures* e alianças estratégicas com os concorrentes para oferecer produtos e serviços aos clientes uns dos outros que não conseguiriam oferecer.

DE TODAS AS PESSOAS QUE PODEM AJUDÁ-LO A ALCANÇAR O OBJETIVO, QUEM É A MAIS IMPORTANTE DE TODAS?

O que poderia ser oferecido em troca para obter a ajuda e a cooperação dessa pessoa e, assim, alcançar os objetivos importantes de forma ainda mais rápida?

Os projetos mais importantes nos negócios e no mundo ao nosso redor são concluídos por pessoas que elaboram planos de ação detalhados antes de começar. Estabeleça planos por escrito para você e para sua empresa e, em seguida, siga esses planos cuidadosamente até que sejam bem-sucedidos.

- SEIS -

ELABORE OS PROJETOS

A MAIORIA DOS TRABALHOS nos negócios é resultado de uma série de projetos. A habilidade de concluir projetos determina em grande parte o sucesso na carreira da pessoa. Um projeto é definido como um "trabalho multitarefas" e é resultado da conclusão de uma série de muitos trabalhos menores.

Talvez a ferramenta mais poderosa usada para maximizar a eficácia e aumentar drasticamente o nível de realização seja uma *lista de verificação*. Uma lista de verificação consiste em uma série de etapas escritas, em ordem cronológica, criada antes do início do trabalho.

A capacidade de definir e determinar claramente as etapas a serem cumpridas a partir do local em que você está hoje, a fim de obter um projeto totalmente concluído com sucesso, é uma marca do pensamento superior. A regra, mais uma vez, é que cada minuto gasto no planejamento e na criação de listas de verificação economizará dez minutos na execução e na elaboração do trabalho.

Esse é outro exemplo de pensamento lento que pode aumentar significativamente a eficácia, a produção e o valor final que você apresentará para o negócio.

CRIE UM DIAGRAMA PERT

Crie uma representação visual das tarefas e projetos maiores para que você e outras pessoas possam vê-los na totalidade.

Comece determinando as metas e os objetivos que você deve alcançar para desfrutar dos resultados que deseja. Comece com o fim em mente. Aproveite o tempo para desenvolver clareza absoluta sobre como seriam os objetivos se fossem alcançados de forma excelente. Então, trabalhe voltando do futuro para o presente. Faça uma lista das etapas lógicas, ordenadas e necessárias que vão levá-lo de onde está para onde quer estar.

O diagrama PERT (cuja sigla em inglês significa Avaliação de Programas e Técnica de Revisão) apresenta graficamente todas as etapas a serem seguidas e quando cada uma precisa ser finalizada para que o objetivo final seja alcançado. Essa técnica é usada pelas empresas e pelos executivos mais eficientes e eficazes no mundo todo. Um gráfico PERT permite a observação de várias maneiras para que a realização da tarefa seja mais eficiente.

Existem muitas formas e estilos disponíveis on-line para auxiliá-lo na escolha de um gráfico. A Figura 1 apresenta um exemplo prático.

Para criar o gráfico, desenhe uma linha traçada para trás a partir da data de conclusão exigida para cada objetivo ou meta. Faça-o em um papel para que possa ver quando deverá realizar cada parte da tarefa, a fim de que o trabalho completo seja concluído dentro do prazo estabelecido.

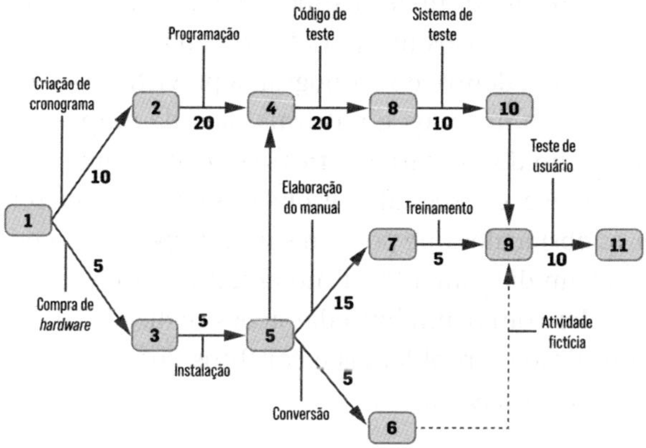

Figura 1: Exemplo do diagrama PERT

Os retângulos numerados representam os eventos ou marcos. As setas direcionais representam as tarefas interdependentes que devem ser concluídas sequencialmente. Direções de seta divergentes (por exemplo, 1-2 e 1-3) indicam tarefas possivelmente simultâneas. As linhas pontilhadas indicam tarefas dependentes que não requerem recursos.

Ao elaborar por escrito um diagrama PERT, é possível controlar completamente a sequência de eventos. Tem-se uma visão do caminho a ser percorrido, bem como a visão de uma série de tarefas que podem ser verificadas para que se possa ter certeza de que serão concluídas dentro do cronograma e com um nível satisfatório de qualidade. Ao usar um diagrama PERT, você evita se sobrecarregar com prazos e fica sempre em dia com o trabalho e com os principais projetos.

Se precisar de algo feito até o final do mês, pode definir a linha do tempo no décimo quinto ou vigésimo dia do mês, deixando uma janela bem grande para o caso de surgirem atrasos inesperados ou problemas. Lembre-se sempre da Lei de Murphy: “Se alguma coisa pode dar errado, dará”.

O executivo superior supõe que haverá problemas, obstáculos, atrasos inesperados e falhas na conclusão do trabalho, dentro do cronograma previsto. Essas ocorrências são normais e naturais na vida empresarial. O trabalho do executivo é ficar continuamente atento ao projeto e, em seguida, resolver os problemas e remover os obstáculos que possam surgir. Depois de começar a usar um diagrama PERT, no entanto, você vai se surpreender com o aumento das ações realizadas e com a diminuição de problemas e conflitos que acontecerão no decorrer das etapas.

DEFINA METAS CLARAS PARA TODOS

Mais ações serão realizadas quando há objetivos claros e por escrito para cada pessoa-chave envolvida no projeto; o que não acontece apenas com ótimas conversas e boas intenções. Deixe os objetivos claros, específicos, mensuráveis e com prazo. Lembre-se de que tudo o que é mensurado é feito. Uma meta sem prazo não representa um objetivo de fato. Trata-se apenas de uma discussão.

Para cada meta ou submeta na conclusão de um trabalho ou de um projeto, deve-se atribuir a responsabilidade a uma pessoa específica. Quem vai realizar a tarefa? Quando a tarefa precisa ser concluída e com que padrão de qualidade? Sempre faça essas perguntas. Nunca suponha que as pessoas saberão o que você quer delas, isso só acontecerá se você deixar bem claro para elas.

A General Motors passou de perdas maciças e da falência bancária em 2009 para um lucro de 4,9 bilhões de dólares em 2012. Dan Akerson, o presidente da GM, disse que a parte mais importante da virada da empresa foi o estabelecimento de metas claras para cada pessoa-chave e em cada nível da organização. Antes de assumir o cargo, ele descobriu que as metas em toda a organização eram vagas, pouco claras, não cumpridas e raramente alcançadas. Depois de estabelecer metas claras e específicas, todos os funcionários sabiam exatamente o que tinham de fazer para manter o trabalho e seguir em frente.

Lembre-se de que seu talento mais impressionante é a capacidade de pensar, especialmente pensar com antecedência. Quanto mais tempo se dedicar a pensar e a planejar por escrito, melhores resultados obterá e de forma mais rápida.

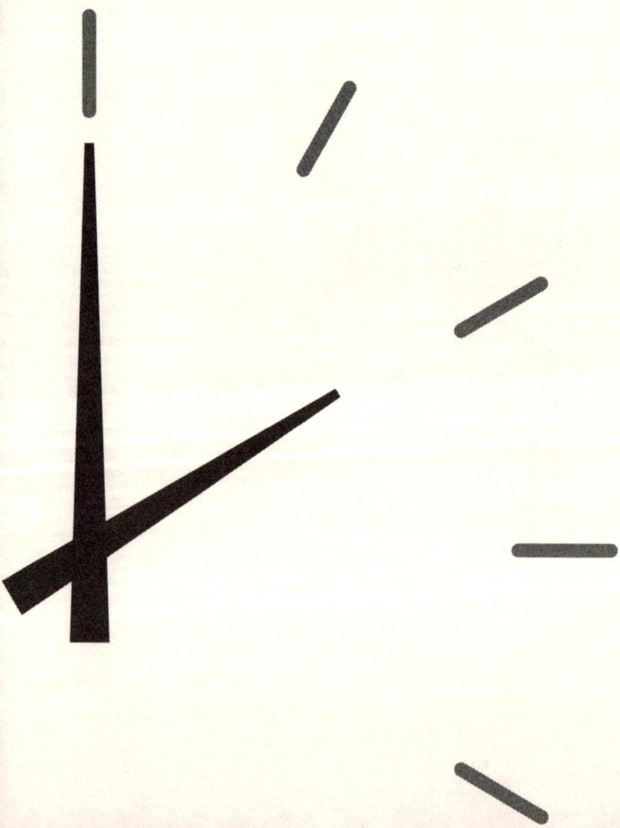

- SETE -

CRIE UMA LISTA DIÁRIA DE “COISAS A FAZER”

TALVEZ A FERRAMENTA de gerenciamento do tempo mais poderosa seja uma lista diária de atividades criada para servir como um diagrama da rotina cotidiana.

Todos os gestores do tempo bem-sucedidos passam as ideias para o papel e trabalham com base em uma lista diária de atividades. Assim como um piloto usa uma tabela de verificação antes de cada decolagem, executivos eficazes reservam alguns minutos para criar uma relação de "tarefas" antes de começar cada dia.

A melhor hora para fazer uma lista é na noite anterior ao início do projeto, pois a mente subconsciente pode trabalhar nela durante o sono. Ao acordar de manhã, ideias e percepções para ajudá-lo a alcançar alguns dos objetivos mais importantes da lista surgem com frequência.

No final de cada dia, a última coisa a ser feita é o planejamento do dia seguinte. Em um estudo com mais de 50 executivos corporativos altamente eficazes, 49 disseram que o melhor sistema de gerenciamento do tempo já visto por eles era um simples bloco de papel no qual escreviam tudo o que tinham de fazer antes de começar.

DURMA MELHOR

Muitas pessoas se reviram à noite tentando não se esquecer de algo que deve ser feito no dia seguinte. Se você criar uma lista antes de ir para a cama, anotando tudo o que precisa ser planejado para o próximo dia de trabalho, dormirá muito melhor e vai acordar revigorado.

De acordo com especialistas em gerenciamento do tempo, leva cerca de 12 minutos por dia para escrever uma lista das tarefas diárias. Contudo, essa lista vai poupar dez vezes mais tempo em produtividade melhorada. Doze minutos gastos na preparação de uma lista diária trarão um retorno de 120 minutos, ou duas horas de aumento na produtividade, quando realmente o trabalho for iniciado. É uma recompensa incrível por uma tarefa extremamente simples.

O MÉTODO ABCDE

Depois de ter feito uma lista de tudo o que planeja fazer no dia seguinte, organize-a aplicando o método ABCDE para as atividades.

A palavra mais importante no gerenciamento do tempo é *consequência*. Uma tarefa é importante dependendo das consequências em potencial para que seja executada ou não. Ao definir prioridades, você aplica esse princípio a todas as tarefas e sempre começa com a que tem as maiores consequências. É nesse momento que o método ABCDE mostra-se especialmente útil.

Comece fazendo uma lista de tudo o que precisa ser feito no dia seguinte. Em seguida, escreva A, B, C, D ou E ao lado de cada item antes de começar a trabalhar.

Um item marcado com A é algo que *precisa ser feito*. É algo importante e há sérias consequências se for feito ou não. Coloque um A ao lado dessas tarefas e atividades que devem ser realizadas ao longo do dia, se quiser cumprir as responsabilidades.

Os itens B são as coisas que *deveriam ser feitas*. Há consequências moderadas se forem feitas ou não, mas não são tão importantes quanto as atividades marcadas com A. A regra é nunca iniciar uma atividade B quando ainda há uma atividade A não concluída.

As atividades C são as que seriam *interessantes de serem realizadas*, mas não há consequências, sejam positivas ou negativas. Conversar com um colega de trabalho, obter uma xícara extra de café ou verificar o e-mail são coisas agradáveis de serem feitas e muitas vezes divertidas, mas não haverá consequências em termos de eficácia no trabalho se não forem feitas.

O DESPERDÍCIO DO TEMPO SABOTA CARREIRAS

A Robert Half International[1] estima que até 50% do tempo de trabalho é gasto nas atividades C, coisas que não acrescentam contribuição alguma para o negócio.

Toda pessoa é uma criatura de hábitos. Pessoas eficientes estabelecem bons hábitos e fazem deles seus mestres. Já as pessoas que não são eficientes acidentalmente estabelecem maus hábitos, que passam a governar suas vidas.

Muitas pessoas adquirem o hábito de ir para o trabalho e imediatamente se envolver em atividades que desperdiçam tempo, que têm baixo valor ou não têm valor algum. Assim que chegam no trabalho, encontram alguém

---

1 Empresa global de consultoria de recursos humanos na Califórnia, EUA. [N.E.]

para conversar, leem o jornal, verificam e-mails, tomam uma xícara de café, e geralmente vão facilmente agindo dessa maneira ao longo do dia.

Mas tudo o que é feito repetidamente logo se torna um *hábito*. É lamentável que a grande maioria dos trabalhadores da atualidade estabeleceu o hábito de desperdiçar a maior parte do tempo em atividades que não contribuem em nada para o negócio ou para a carreira. Não deixe que isso aconteça com você.

DELEGUE TUDO QUE FOR POSSÍVEL

Voltando ao método ABCDE, uma atividade D é algo que pode ser delegado. A regra é que se deve delegar tudo o que puder a outras pessoas para liberar mais tempo para você se envolver nas atividades A. As atividades A, e a conclusão bem-sucedida, determinam amplamente todo o curso de sua carreira.

Uma atividade E é algo que deve ser completamente *eliminado*. Afinal, só se pode controlar o tempo parando de fazer coisas que não são mais necessárias.

É normal e natural que as pessoas se acomodem na zona de conforto ao longo do trabalho e da carreira. Dessa forma, sentem-se confortáveis fazendo certas atividades de forma específica. Até depois de serem promovidas a responsabilidades de nível superior, continuamente voltam a fazer coisas que não são mais realmente necessárias, ou que outras pessoas podem fazer da mesma forma, ou até melhor.

Pergunte a si mesmo: “O que aconteceria se eu não me envolvesse nessa atividade?”. Se a resposta indicar que faria pouca ou nenhuma diferença para o negócio ou para a carreira, a atividade passa a ser uma das principais candidatas à eliminação.

PLANEJE O TRABALHO E EXECUTE SEU PLANO

Nunca faça nada que não esteja na lista. Se uma nova tarefa ou projeto surgir, anote-a na lista e defina uma prioridade para ela antes de começar o trabalho. Se você não anotar novas ideias e atividades e, em vez disso, reagir e responder Às demandas ininterruptas durante o tempo de trabalho, perderá rapidamente o controle do dia e acabará passando a maior parte do tempo em atividades de baixo valor ou sem valor algum.

Qualquer sistema de gerenciamento do tempo é melhor do que não ter um. Existem muitos aplicativos de smartphones para ajudá-lo nessa tarefa. Há sistemas que podem ser instalados no computador. Pode-se usar um sistema de gerenciamento do tempo por escrito, a fim de que esteja sempre em mãos e possa ser atualizado regularmente.

Basta lembrar que, no mundo do trabalho, a única coisa que você precisa vender é o seu tempo. Certifique-se de estar focando o tempo nas coisas mais valiosas e fundamentais que podem ser feitas para dar a contribuição mais importante para o negócio.

A LISTA DE COISAS QUE NÃO DEVEM SER FEITAS

Assim como uma lista de tarefas a serem feitas é necessária para guiá-lo durante um dia atarefado, uma lista de tarefas que não devem ser feitas para ajudar a permanecer no caminho certo também é necessária. Trata-se das coisas que devem ser eliminadas com antecedência, por mais tentadoras que possam ser quando surgirem.

Como Nancy Reagan disse uma vez: "Apenas diga não!". Apenas diga não para qualquer atividade que não represente a maior valorização do seu tempo.

"Não" é a palavra que mais economiza tempo no mundo do gerenciamento do tempo. E assim que você começa a usá-la, fica cada vez mais fácil dizê-la.

Lembre-se de que *pessoas* são o maior desperdício de tempo de todos, portanto, quando perguntarem se você faria algo ou ajudaria de alguma forma, pergunte a si mesmo: "Será que essa é a forma mais valiosa de usar meu tempo?".

Se a resposta for "não", você pode gentilmente responder: "Bem, obrigado por perguntar. Deixe-me pensar sobre isso e verificar o meu cronograma. Retorno para informar se posso ou não ajudar".

Você pode esperar 24 horas, entrar em contato com a pessoa e dizer que, infelizmente, está sobrecarregado de trabalho e prazos neste momento e não poderá ajudar. Agradeça à pessoa por pedir sua ajuda e sugira que "talvez da próxima vez" possa encontrar um horário na agenda, conseguindo auxiliá-la.

Lembre-se de que você só pode controlar o tempo se parar de fazer coisas de baixo valor. Como dizem, você já está bem atolado. Já tem muito mais trabalho do que consegue fazer. Já é difícil manter em dia tarefas e responsabilidades atuais, sem falar nas tarefas e responsabilidades adicionais que surgem todo santo dia. Em vez disso, apenas diga não. Diga logo cedo e diga com frequência. Dessa forma, logo terá o tempo completamente sob controle.

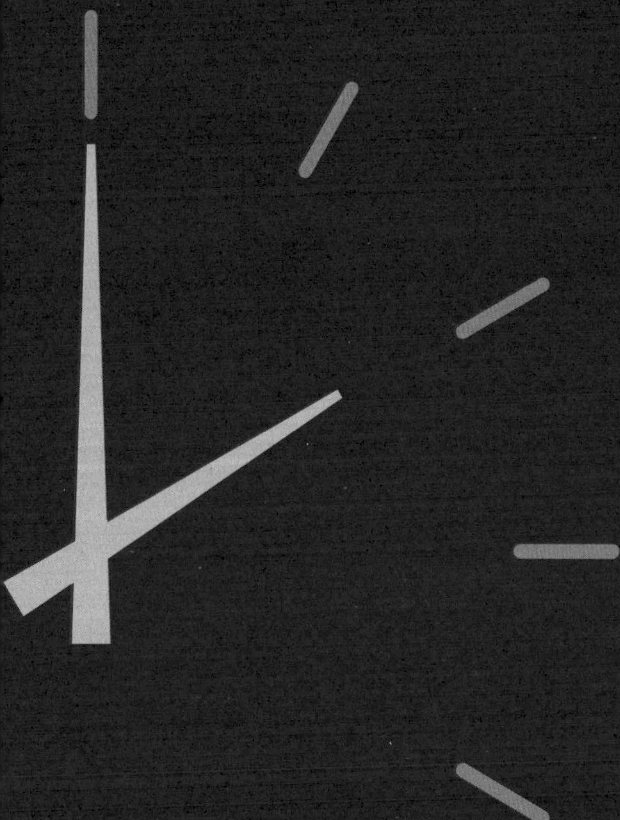

- OITO -

DEFINA PRIORIDADES CLARAS

ESTUDEI gerenciamento do tempo por mais de trinta anos, lendo centenas de livros e artigos sobre o assunto, ouvindo inúmeros programas de áudio e participando de seminários. Usando as ideias que reuni, escrevi livros sobre gerenciamento do tempo que são best-sellers no mundo todo, elaborei programas de aprendizagem de áudio e vídeo, e conduzi seminários e oficinas sobre gerenciamento do tempo em todo o mundo.

O que descobri foi simples: todo o gerenciamento do tempo resume-se a ajudar você a determinar a tarefa mais importante a ser feita no momento para, em seguida, oferecer as ferramentas e as técnicas que possibilitam iniciar imediatamente a tarefa para que você possa continuar trabalhando nela até ser concluída.

Expliquei o método ABCDE no capítulo anterior. Ele é um dos métodos de definição de prioridades mais poderosos já descobertos. Há uma série de técnicas adicionais que podem ser usadas para definir prioridades.

O PRINCÍPIO DE PARETO

Em 1895, o economista italiano Vilfredo Pareto concluiu que a regra 80/20 parecia se aplicar ao dinheiro, à propriedade e à acumulação de fortunas em qualquer sociedade. Depois de anos de pesquisa, ele descobriu que 20% de indivíduos e famílias, que chamou de os "poucos vitais", controlavam 80% da riqueza e da propriedade em toda a Europa.

A regra 80/20 parece se aplicar a quase todas as áreas do esforço humano, especialmente no que se refere a tarefas e responsabilidades, isto é, 20% do trabalho realizado representa 80% do valor de todo o trabalho feito. Peter Drucker diz que muitas vezes a porcentagem é a "regra 90/10". Às vezes, 10% do trabalho realizado será responsável por 90% do valor.

Ao iniciar cada dia com uma lista de tarefas e responsabilidades, revise-a rapidamente antes de começar a trabalhar e selecione 20% das tarefas principais que podem contribuir da melhor forma para que as metas e os objetivos sejam alcançados. Se você tiver uma lista de dez itens a serem realizados em determinado dia, dois deles valerão mais do que todos os outros juntos.

A capacidade de identificar claramente quais são esses dois itens, e de agir para concluí-los em primeiro lugar, determinará em grande parte o sucesso de sua carreira.

COLOQUE PRESSÃO

Observe mais uma técnica que pode ser usada para definir prioridades: faça a lista diária de atividades e depois pergunte a si mesmo: "Se fosse chamado para fora da cidade por um mês a partir de amanhã, quais atividades nesta lista gostaria de ter certeza de completar antes de partir?".

O maior inimigo do gerenciamento do tempo e da produtividade pessoal hoje é "valorizar as pequenas coisas". Por causa da tendência natural que as pessoas têm de seguir o caminho de menor resistência e de se estabelecer em uma zona de conforto, é normal e natural começarem com tarefas e atividades pequenas, fáceis, divertidas, agradáveis e geralmente sem importância no início do dia.

Contudo, infelizmente, tudo o que se começa a fazer no início do dia rapidamente se torna o padrão que será seguido nas demais horas. No final do dia, você pode descobrir que gastou todo o tempo em tarefas pequenas e sem sentido, não tendo realizado nada de valor real.

FAÇA AS COISAS MAIS IMPORTANTES

Outra técnica que pode ser usada é imaginar-se chegando ao trabalho na segunda de manhã e ver o chefe se aproximar com um dilema. Ele acaba de ganhar férias totalmente pagas para duas pessoas em um lindo resort e com passagem aérea de primeira classe. O problema dele é que está muito ocupado para usufruir desse prêmio, que possui data de validade, começando a contar a partir da manhã seguinte.

O chefe faz um acordo com você. Se você conseguir concluir todos os trabalhos mais importantes até o final da segunda-feira, ele lhe dará essas férias maravilhosas, com todas as despesas pagas e com direito a um acompanhante.

Se você tivesse esse tipo de incentivo ou de motivação, o que faria? Provavelmente ficaria surpreso com a quantidade de trabalho que conseguiria concluir naquele único dia. É bem provável que conseguiria finalizar 20% das tarefas principais planejadas para a semana inteira.

Com esse tipo de incentivo, minuto algum seria desperdiçado. Não haveria tempo algum para conversas ociosas com os colegas de trabalho. Você começaria cedo e trabalharia imediatamente após os intervalos de café e de almoço, concentrando-se em limpar a mesa e em completar as tarefas mais importantes. Você se tornaria uma das pessoas mais produtivas da organização e isso aconteceria praticamente da noite para o dia.

Esse é um ótimo exercício a ser praticado consigo mesmo. Ele apenas ilustra o fato de que a eficiência e a eficácia são uma questão de escolha, na maioria das vezes. Com incentivo suficiente, você ficaria surpreso com o aumento da própria produtividade em poucos minutos praticamente. Com incentivo suficiente, e uma decisão da sua parte, você quase que imediatamente se tornaria uma das pessoas mais valiosas para a organização.

A LEI DOS TRÊS

Esse princípio provavelmente vale o custo e o tempo de leitura deste livro. É baseado em uma descoberta incrível que fiz no decorrer dos anos, trabalhando com muitos milhares de executivos e empresários. Ele diz que, não importa quantas coisas você faça em uma semana ou em um mês, há apenas três tarefas e atividades que representam 90% do valor da contribuição que você dá para a empresa.

Se você fizer uma lista de tudo o que faz no decorrer de um mês, provavelmente incluirá 20, 30 ou mesmo 40 tarefas e responsabilidades diferentes. Mas, se revisá-la cuidadosamente, item por item, descobrirá que apenas três itens da lista toda representam 90% do seu valor para o negócio.

Como determinar os "três maiores" itens? É simples. Faça uma lista de todas as tarefas e responsabilidades de trabalho, desde o primeiro dia do mês até o último, e durante todo o ano. Em seguida, responda a três perguntas mágicas.

Se pudesse fazer apenas uma coisa dessa lista o dia todo, qual atividade contribuiria com o maior valor para o meu negócio? A tarefa mais importante, aquela que representa a maior contribuição que pode dar ao negócio, provavelmente vai aparecer para você na lista. Ela geralmente ficará bem clara tanto para você quanto para as pessoas ao redor. Circule-a na lista para identificar a importância.

Se pudesse fazer apenas duas coisas dessa lista o dia todo, qual seria a segunda atividade que mais contribuiria para o negócio? Normalmente, essa atividade também ficará clara para você rapidamente. Pode ser que ela exija um pouco mais de reflexão, mas geralmente ficará bem claro e óbvio rapidamente também.

Se pudesse fazer apenas três coisas dessa lista o dia todo, qual seria a terceira atividade que contribuiria com mais valor para o negócio? Ao analisar as respostas, verá claramente que apenas três coisas que geralmente faz representam quase todo seu valor de contribuição para a empresa. Iniciar e completar essas tarefas é mais importante do que todas as demais atividades.

Esse é um ponto importante: Se você não souber as respostas a essas três perguntas, estará em sérios apuros, pois há um grande risco de desperdiçar o tempo e a vida profissional. Se não souber a resposta para essas perguntas mágicas, frequentemente acabará trabalhando em atividades sem valor.

Se, por qualquer motivo, não conseguir definir essas três atividades com clareza, procure o seu chefe. Pergunte a ele quais são as três coisas mais importantes feitas por vocês para dar a contribuição mais valiosa à empresa. Pergunte aos colegas de trabalho. Pergunte ao seu cônjuge. Faça o que for preciso para descobrir as respostas a essas três perguntas.

PASSE ADIANTE

Assim que tiver clareza das "três maiores" atividades, ajude todos os seus subordinados a terem clareza das "três maiores" atividades deles também. Não há coisa mais gentil ou mais generosa que pode ser feita pelos membros da equipe do que ajudá-los a ter clareza das coisas mais importantes realizadas que representam sua contribuição mais valiosa à empresa.

Em um departamento ou em uma organização bem-administrada, os funcionários sabem exatamente quais são as coisas mais importantes que poderiam fazer para contribuir da melhor maneira. Ao mesmo tempo, todo trabalhador deve saber quais são as três maiores atividades de todos os outros trabalhadores. Durante o dia todo e diariamente, todos deveriam trabalhar, de forma individual ou coletiva, para completar uma ou mais dessas três maiores tarefas.

Pessoas que são dominadas pelo "pensamento rápido" naturalmente reagem e respondem Às exigências e Às pressões do momento, continuamente se desviando do caminho e se afastando do trabalho e das tarefas de maior prioridade. Mas essa prática não se aplica a você.

Antes de começar a trabalhar, reserve um tempo para pensar lentamente, selecionando a tarefa mais importante para começar a trabalhar somente nela, e exclua todo o restante.

- NOVE -

NÃO SE DESVIE DO CAMINHO

"QUAL É O uso mais valioso do meu tempo neste momento?".

Essa é a pergunta mais importante em todos os âmbitos do gerenciamento do tempo. Pergunte repetidamente até que se torne um guia automático que o motiva e o leva a se concentrar nessa tarefa ou em uma atividade de maior valor. Ao organizar seu tempo e as atividades de trabalho em torno da resposta a essa pergunta, você ficará surpreso com o aumento da produtividade e com a velocidade do trabalho.

Às vezes, pergunto ao meu público: "Qual é o seu ativo financeiro mais valioso?".

Depois que pensam nisso e me dão algumas respostas, ressalto que a resposta é, na verdade, "a capacidade de ganhar dinheiro". Essa capacidade representa de 80% a 90% do seu valor financeiro no mundo do trabalho.

Pense em si mesmo como uma "máquina de ganhar dinheiro". Cada tarefa realizada contribui com algum tipo de valor, seja alto ou baixo. Seu trabalho é focar no uso mais valioso do tempo e se disciplinar para trabalhar continuamente nas poucas atividades que contribuem com o maior valor para o trabalho e para o negócio.

UM PRINCÍPIO DE ESTILO DE VIDA

A seleção do uso mais valioso do tempo aplica-se a todas as áreas da vida também. Às vezes, usar o tempo de forma mais adequada, especialmente se estiver trabalhando muito duro, é ir para casa e dormir cedo para ter uma boa noite de sono. Em outras ocasiões, é passá-lo em companhia das pessoas mais importantes de sua vida. Ou pode ser cuidando muito bem da saúde física, comendo os alimentos certos, tendo tempo para fazer exercícios regularmente, descansando e relaxando de forma adequada, com o objetivo de ter o melhor desempenho possível.

Às vezes, o uso mais valioso do tempo é apenas passá-lo com a família ou ler um bom livro em vez de assistir televisão. Outras vezes, o uso mais valioso do tempo é socializar; reunir-se com a família e os amigos cuja companhia é agradável, a fim de relaxar e desestressar.

O que mais importa é sempre fazer a si mesmo a seguinte pergunta: "Qual é o uso mais valioso do meu tempo neste momento?". Dessa forma, você se disciplina a começar e completar a atividade mais valiosa, seja ela qual for. Ao começar a incorporar essa sugestão nas habilidades de gerenciamento do tempo e na rotina, você se tornará um dos gestores do tempo mais eficientes da sua geração.

IMPORTANTE VERSUS URGENTE

Em termos de tarefas e atividades, definir prioridades tem a ver com separar as "pouco vitais" das "muito triviais", na maioria das vezes. Existem quatro tipos diferentes de tarefas com as quais lidamos todos os dias e a capacidade de separá-las nas categorias apropriadas pode aumentar significativamente a produtividade. Cada uma dessas tarefas pode ser classificada em um quadrante diferente.

QUADRANTE 1: URGENTE E IMPORTANTE

Uma tarefa *importante* é algo que tem consequências de longo prazo para a carreira. Uma tarefa *urgente* é algo que não pode ser adiado ou prorrogado. Uma tarefa ao mesmo tempo urgente e importante é algo que está "na cara". É amplamente determinada por demandas externas de tempo, por tarefas e responsabilidades que devem ser iniciadas e concluídas para que o trabalho esteja sempre em dia. Há clientes para visitar, tarefas para completar e atividades que outras pessoas esperam que sejam realizadas por você. A maioria das pessoas passa a maior parte do dia de trabalho em tarefas que são tanto vitais quanto urgentes.

As tarefas mais relevantes, as maiores prioridades, são ao mesmo tempo urgentes e importantes. Elas são representadas pelo "quadrante de imediatismo".

QUADRANTE 2: IMPORTANTE, MAS NÃO URGENTE

O segundo tipo de tarefa são as que são importantes, mas não são urgentes. Podem ser adiadas ou procrastinadas, pelo menos no curto prazo. Um exemplo de uma tarefa vital, mas não urgente, é um relatório importante que precisa ser escrito, aprovado e enviado até o final do mês. Ou pense em um trabalho de conclusão de curso na faculdade. É algo vital para a nota no final do semestre, mas também é algo que pode ser adiado por semanas e meses, o que acontece muitas vezes (a maioria dos trabalhos de conclusão de curso são escritos na noite anterior ao prazo; o que era vital, mas não urgente, subitamente se torna algo de extrema urgência).

Ao longo da vida, estamos cercados de tarefas importantes, mas não urgentes. Ler livros importantes da área de atuação, fazer cursos extras, atualizar as habilidades e competências são ações vitais para o sucesso a longo prazo, mas não são urgentes. Dessa forma, você as procrastina. A maioria das pessoas que fracassa ou apresenta baixo desempenho nos negócios, infelizmente, postergou atualizar as habilidades e as competências por tanto tempo, que foram simplesmente preteridas e superadas por outras pessoas mais determinadas e agressivas que desejavam usufruir de mais recompensas e responsabilidades.

Até mesmo algo tão simples, como o exercício físico, é vital para a saúde, mas não urgente. É possível postergar por um período, e a maioria das pessoas o faz. Os médicos dizem que 85% dos principais problemas de saúde que aparecem mais tarde na vida poderiam ter sido evitados se as pessoas tivessem criado hábitos de saúde adequados, incluindo dieta e exercícios na maior parte da vida adulta. Essas tarefas se adaptam no "quadrante da eficácia".

QUADRANTE 3: URGENTE, MAS NÃO IMPORTANTE

É provável que pessoas venham ao seu escritório, liguem ou enviem mensagens para você, assim como e-mails, mas as respostas que dará a elas contribuirão com pouco valor ou quase nenhum para o seu negócio ou trabalho. Elas representam tarefas urgentes, mas não importantes.

Essas tarefas se adaptam no que muitas vezes é chamado de "quadrante da ilusão." As pessoas pensam que, por se envolverem nessas atividades durante a jornada de trabalho, elas devem ter algum valor; contudo, na verdade, estão apenas se iludindo com atividades irrelevantes à carreira. Muitas pessoas gastam metade do tempo se envolvendo em atividades urgentes, mas não importantes. São divertidas, fáceis e agradáveis, mas não contribuem absolutamente para o trabalho. A maioria dessas atividades envolve conversas ociosas com colegas de trabalho ou atividades de baixo valor ou sem valor algum.

QUADRANTE 4: NÃO URGENTE E NÃO IMPORTANTE

O quarto tipo de atividade que as pessoas realizam no trabalho são tarefas que não são urgentes nem importantes. Essas atividades se adaptam no "quadrante do desperdício". Muitas pessoas se envolvem em atividades que têm valor zero para si mesmas ou para a empresa. Ler spam, e-mail ou as páginas de esportes, fazer compras durante o dia ou dirigir com o rádio ligado entre compromissos, são todos exemplos de atividades não urgentes nem importantes. Trata-se de uma completa perda de tempo. Não contribuem em nada para sua vida.

DESENVOLVA BONS HÁBITOS DE TRABALHO

A grande tragédia é que, se você faz algo repetidamente, isso logo se torna um hábito. E um hábito, uma vez formado, é difícil de ser eliminado. Muitas pessoas desenvolveram o hábito de gastar a maior parte do tempo em atividades de baixo valor ou que não tenham valor algum e, em seguida, ficam bastante surpresas quando são demitidas ou não são promovidas.

A chave para um bom gerenciamento do tempo é estabelecer prioridades e trabalhar sempre no que é urgente e importante, isto é, nas tarefas importantes que exercem maior pressão. Ao manter em dia o que é urgente e importante, você imediatamente começa a trabalhar nas tarefas importantes, mas não urgentes. As importantes, mas não urgentes, geralmente são tarefas e atividades que podem contribuir para a carreira de forma significativa em longo prazo.

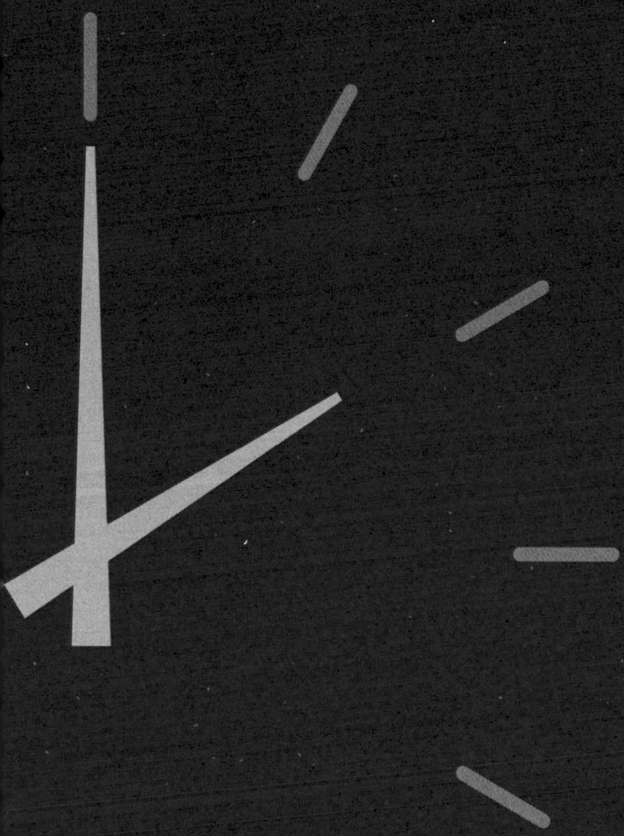

- DEZ -

DETERMINE AS PRINCIPAIS ÁREAS DE RESULTADO

TALVEZ A CHAVE MAIS IMPORTANTE para a alta produtividade seja focar e se concentrar nas coisas mais valiosas e essenciais que podem ser feitas no decorrer de todo o dia.

Desenvolver clareza absoluta sobre as principais áreas de resultados é essencial para a eficácia executiva e para a alta produtividade. As áreas vitais de resultados são representadas pelas atividades para as quais você foi contratado a fazer, realizar ou concluir. São as principais prioridades em termos do valor de contribuição para a empresa. São as tarefas que, uma vez realizadas, determinam o cumprimento ou não das responsabilidades em relação à empresa e a si mesmo.

Quais são os principais resultados que sua contratação deve alcançar? Tente fazer a pergunta de outra forma: "Por que você está na folha de pagamento?". Essa é uma pergunta-chave da organização que você deve fazer a si mesmo todos os minutos do dia, principalmente quando estiver sobrecarregado e com muita coisa para fazer em muito pouco tempo.

Uma principal área de resultado (PAR) pode ser definida com três qualidades específicas:

- É algo que absolutamente, positivamente, deve ser feito para cumprir as responsabilidades e as exigências do trabalho.
- É algo pelo qual você é 100% responsável. Se não fizer isso sozinho, não há ninguém mais que possa fazer ou que fará isso por você.
- É algo que está totalmente sob seu controle. Não é necessária assistência nem participação de outra pessoa para completar essa parte do trabalho.

Se você não tiver absoluta certeza de quais são suas principais áreas de resultados, procure seu chefe e pergunte: "Por que mesmo estou na folha de pagamento?".

Surpreendentemente, a maioria dos chefes não saberá como responder a essa pergunta também. Nunca pensaram a fundo sobre a razão de um funcionário estar na folha de pagamento, ou até mesmo porque eles próprios estão na folha de pagamento. Ao fazer essa pergunta e forçar o chefe a pensar de forma mais profunda, vocês dois se tornarão mais produtivos e eficazes no trabalho.

NÃO SE DESVIE DO CAMINHO

Uma segunda pergunta em relação Às principais áreas de resultados é: "O que só eu posso fazer que, se for muito bem-feito, fará uma diferença real para minha empresa?".

Há uma resposta específica para essa pergunta para praticamente todas as horas de um dia de serviço.

No trabalho, há coisas que só você pode fazer. Se não fizer, ninguém mais fará por você. Se fizer bem, fará uma diferença extraordinária para o trabalho e para a empresa. São atividades específicas que representam maior valor de contribuição para o negócio. Para apresentar o mais alto desempenho possível, deve-se estar absolutamente claro sobre quais são essas atividades mais valiosas do que quaisquer outras, e que somente podem ser realizadas com distinção por você.

Lembre-se de que há sempre uma centena de pequenas coisas que podem ser feitas por você, que, se bem-feitas, farão muito pouca diferença para o seu sucesso ou para as suas contribuições.

Concentrar-se nas principais áreas de resultados é a maneira mais direta de desencadear eficácia, poder, persuasão, entusiasmo e energia. Concluir algo significativo e importante tanto para você quanto para a empresa traz uma tremenda sensação de autoconfiança e de poder pessoal.

Por outro lado, na era da distração, realmente experimentarmos sentimentos de baixa autoestima, frustração, estresse, e muitas vezes depressão, quando fazemos algo que, do fundo do coração, sabemos que fará muito pouca diferença no alcance dos principais objetivos.

DEFINA AS PRINCIPAIS ÁREAS DE RESULTADOS

Há entre cinco e sete principais áreas de resultados em qualquer trabalho. Cada PAR é uma tarefa específica a ser feita se as responsabilidades gerais de produtividade no trabalho forem concluídas.

Por exemplo, se você for um vendedor, as principais áreas de resultado são:

- Prospecção (ou seja, encontrar novos clientes para conversar).

- Construção de confiança e de relacionamento com os clientes em potencial para que estejam abertos para ouvir você.
- Identificação das necessidades com acuidade.
- Apresentação do produto de forma persuasiva.
- Resposta às objeções com clareza.
- Fechamento da venda de forma decisiva.
- Obtenção de revendas e de referências de clientes satisfeitos.

Cada uma dessas tarefas deve ser feita para que as responsabilidades como vendedor da empresa sejam cumpridas.

Os gerentes também possuem sete principais áreas de resultados. São elas:

- Planejamento (decidir exatamente o que deve ser feito).
- Organização (reunir as pessoas, o dinheiro e os recursos necessários para que o plano seja realizado).
- Recrutamento (encontrar as pessoas certas para trabalhar com você, a fim de que os objetivos sejam atingidos).
- Delegação (certificar-se de que as pessoas saibam exatamente o que devem fazer, e em que momento, e com qual nível de qualidade).
- Supervisão (certificar-se de que cada trabalho seja feito de acordo com o cronograma para o nível de qualidade exigido).
- Medição (estabelecer padrões, referências e cronogramas para a realização das tarefas importantes).
- Relatórios (certificar-se de que toda pessoa acima de você, ao seu lado e abaixo saiba exatamente o que você faz e quais objetivos quer atingir).

Mais de 90% de todos os problemas do gerenciamento, ou da vida, ocorrem quando se "pisa na bola" em uma dessas principais áreas de resultados. É como deixar de fora um ingrediente importante de uma receita culinária. Por alguma razão, o prato simplesmente não tem o gosto tão bom quanto poderia.

CLAREZA É ESSENCIAL

Todas as pessoas em todos os níveis da organização devem saber quais são os principais resultados. Certifique-se de que todos os funcionários subordinados a você tenham clareza sobre a contribuição mais valiosa que podem dar à organização. Uma das maiores gentilezas com os funcionários ocorre quando você os ajuda a ter clareza sobre as coisas mais valiosas e mais importantes que podem fazer para, em seguida, ajudá-los a atingir esses objetivos a tempo.

Não importa sua posição no organograma, é preciso saber duas coisas: primeiro, quais são as principais áreas de resultado do seu chefe? O que é que seu chefe tem de realizar que é mais importante para o sucesso da organização do que qualquer outra coisa? Se você não souber as respostas para essas perguntas, não poderá ajudar o chefe a fazer o trabalho dele, o que é muito importante para o próprio sucesso pessoal dele.

Em segundo lugar, é preciso saber qual é a sua principal área de resultado. Além disso, toda pessoa que se reporta a você deve saber a resposta a essa pergunta em relação a você também. Cada um de seus subordinados também deve saber quais são as principais áreas de resultados deles em ordem de importância e de urgência na realização.

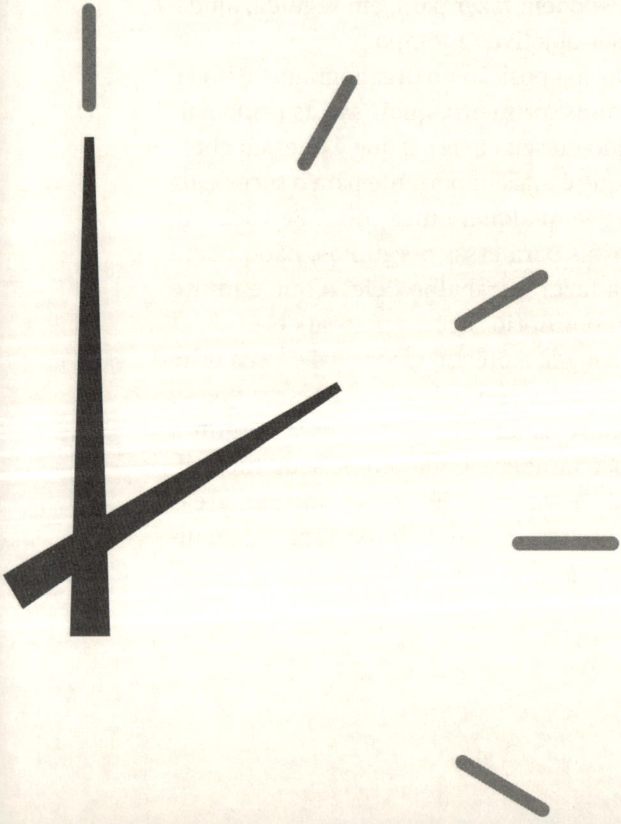

- ONZE -

DELEGUE

UMA DAS MAIORES ferramentas de gerenciamento do tempo é conseguir alguém para fazer a tarefa completamente. A capacidade de delegar tarefas de menor valor para outras pessoas que podem executá-las com uma carga horária ou um salário menor é uma das habilidades vitais do gerenciamento moderno.

Delegue tudo o que puder a outras pessoas que possam realizar as tarefas tão bem ou melhor do que você. Use a "regra dos 70%". Se outra pessoa puder fazer determinada tarefa 70% tão bem quanto você, esse trabalho é um excelente candidato a ser eliminado da sua lista para entrar na lista de outra pessoa.

MULTIPLIQUE SEU VALOR

A delegação permite sair do que você pode fazer pessoalmente para o que pode gerenciar. Delegação é a habilidade que permite alavancar o talento e a habilidade, multiplicando-os por todas as pessoas que podem receber partes menores do trabalho.

Sempre se tem uma escolha. Você pode realizar uma tarefa sozinho, ou pode delegá-la a outra pessoa. A alta produtividade exige sempre pensar na última abordagem: "Quem mais pode fazer esse trabalho em vez de mim?".

DELEGAÇÃO PODE SER APRENDIDA

Aprenda as habilidades da delegação adequadas (escrevi um minilivro inteiro dessa série que conta tudo o que é preciso saber para maximizar a produtividade por meio de outras pessoas). Escolha a pessoa certa para lidar com cada tarefa. Ofereça cronogramas, prazos, padrões de desempenho e etapas de revisão.

É também possível delegar a resolução de problemas e a tomada de decisões se estiverem entre seus deveres e responsabilidades. É possível delegar a coleta de informações e a pesquisa. Todas as tarefas que qualquer outra pessoa pode fazer tão bem quanto (ou quase tão bem quanto) podem ser delegadas.

Com a habilidade de delegação, que é facilmente aprendida, não há limite que não possa ser alcançado na carreira profissional. Contudo, sem a capacidade de delegar de forma eficiente e bem, acabamos com muito para fazer e em pouco tempo. Dessa forma, fazemos muitas coisas de pouco valor ou sem valor algum e nunca conseguimos deixar o trabalho em dia, o que pode prejudicar a carreira.

A melhor notícia é que todas as habilidades empresariais podem ser aprendidas. Todas as ideias deste livro são capazes de ser dominadas com prática e com repetição e podem ajudar você a se tornar absolutamente excelente no gerenciamento do tempo, passando a dobrar e até a triplicar a produtividade nos meses e anos que se seguirem.

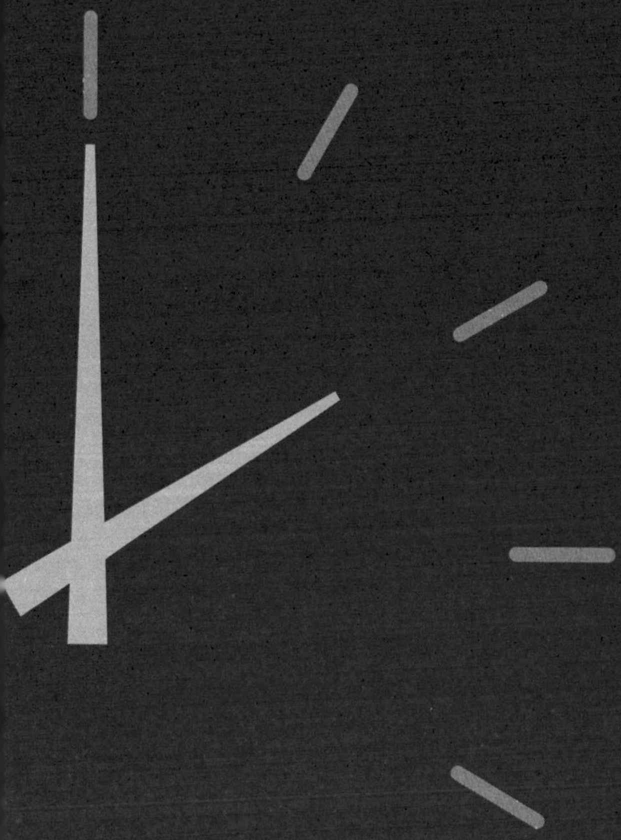

- DOZE -

CONCENTRE-SE COM DETERMINAÇÃO

A CONCENTRAÇÃO e a determinação são requisitos essenciais para todas as grandes realizações. A concentração significa que, assim que você se dedicar à tarefa mais importante, passará a perseverar sem diversão ou distração. A capacidade de se concentrar com determinação no uso mais importante do tempo é o requisito número um para o sucesso.

Qualquer outro requisito pode ser preenchido com inteligência, habilidade e criatividade, mas, se você não conseguir se concentrar em uma coisa de cada vez, não conseguirá ser bem-sucedido. É preciso fazer primeiro as coisas mais importantes, uma de cada vez, e não fazer de forma alguma as coisas que não são essenciais. Se você não se disciplinar a se concentrar com determinação, invariavelmente vai trabalhar em tarefas de baixa prioridade.

Sempre se permita tempo suficiente para as principais prioridades. Descubra quanto tempo vai levar para fazer o trabalho e, em seguida, adicione uma janela de tempo 30% maior, levando em conta interrupções inesperadas, emergências e responsabilidades. Com uma janela de 30%, é provável que esteja bem perto de corrigir o necessário para que o trabalho seja executado dentro da estimativa de tempo. Esse é um dos segredos para alcançar altos níveis de produtividade no trabalho.

Earl Nightingale disse que "toda grande realização da humanidade foi antecedida por um longo período de esforço concentrado".

PRATIQUE COM DETERMINAÇÃO

Determinação é uma das técnicas de gerenciamento do tempo e um dos princípios de gerenciamento da vida mais importantes de todos os tempos. Depois de iniciar uma tarefa, permaneça nela até estar 100% concluída. A determinação requer não pegar e largar a mesma tarefa repetidamente, fazer outra coisa e voltar para ela mais tarde. Sendo determinado, ao iniciar uma tarefa e dedicar-se a ela, você se disciplina a completá-la antes de ir para a próxima atividade.

Aplique a determinação ao verificar e-mails e correspondências. Desmarque itens sem importância imediatamente e, em seguida, lide com os documentos importantes apenas uma vez, arquivando-os ou respondendo-os de prontidão.

O princípio da determinação, que ficou famoso pelo especialista em gerenciamento de tempo Alan Lakein, parte do estudo do tempo em movimento que compara a produção de pessoas que se concentram de forma determinada versus a produção de pessoas que pegam e largam uma tarefa, indo e voltando nela muitas vezes até concluí-la. Esses estudos descobriram que cada vez que se deixa de lado uma tarefa e se volta para outra coisa, o impulso e o ritmo são perdidos, e se perde a noção de onde se estava na execução do trabalho. Ao retomar a tarefa, não há mais como revisar o trabalho prévio e deve-se voltar direto ao ponto em que estava quando parou e recomeçou. Esse processo acaba exigindo até 500% da quantidade de tempo antes necessária para completar uma tarefa do que se tivesse começado e ficado nela até concluí-la 100%.

Em termos simples, a determinação pode reduzir o tempo gasto completando uma tarefa importante em até 80%, aumentando drasticamente a qualidade de trabalho concluído.

EVITE A MULTITAREFA

Existe muita discussão nos dias de hoje sobre o conceito de multitarefa. Algumas pessoas se sentem capazes de desempenhar, em altos níveis de produtividade, várias tarefas ao mesmo tempo. Os estudos provaram que essa ideia é totalmente falsa.

Especialistas descobriram que a multitarefa se trata realmente da "mudança de tarefa". O fato é que só se pode fazer uma coisa de cada vez. Se parar de fazer uma tarefa para passar a outra, vai transferir toda a atenção e energia à nova tarefa. Ao retornar para a tarefa anterior, estará simplesmente mudando o foco de atenção, como se estivesse apontando um feixe de luz de um alvo para outro. Sendo assim, concentre-se em acelerar a tarefa antiga antes de começar novamente.

FICANDO CADA VEZ MAIS IMBECIL

De acordo com o *USA Today*, cada vez que você muda de uma tarefa para outra e volta novamente para a anterior, queima-se certa quantidade de energia e de inteligência do cérebro. No final de um dia agitado de multitarefas, é possível perder até dez pontos de QI. Assim, torna-se progressivamente mais emburrecido ao longo do dia, concluindo-o com a sensação de estar esgotado e, muitas vezes, indeciso sobre as pequenas coisas, como o que escolher para o jantar ou o que assistir na televisão naquela noite.

Ser multitarefa é algo tentador, mas representa o uso insidioso do tempo. Isso pode realmente sabotar sua carreira e minar a capacidade de realizar as tarefas mais importantes, das quais depende todo o seu sucesso.

DECIDA SE CONCENTRAR

Decida hoje criar o hábito de planejar cuidadosamente o trabalho, definir prioridades e dedicar-se à tarefa mais importante. Depois de iniciar a tarefa ou principal produtividade, resolva trabalhar com determinação, sem desvio ou distração, até que seja concluída.

Uma das técnicas utilizadas pelos executivos altamente produtivos é trabalhar em casa de manhã ou à noite, ou no fim de semana, pois é possível se concentrar sem interrupção de qualquer tipo.

Outra chave para a concentração determinada é evitar a "atração da distração". Em vez de responder a cada e-mail ou toque do telefone, "deixe as coisas de lado!". Feche a porta, desligue todos os dispositivos e deixe tudo à parte para trabalhar em uma tarefa que vai fazer a maior diferença para a empresa e a carreira neste momento. Ao fazer disso um hábito, a produtividade, o desempenho e a produção dobrarão e até triplicarão quase que da noite para o dia.

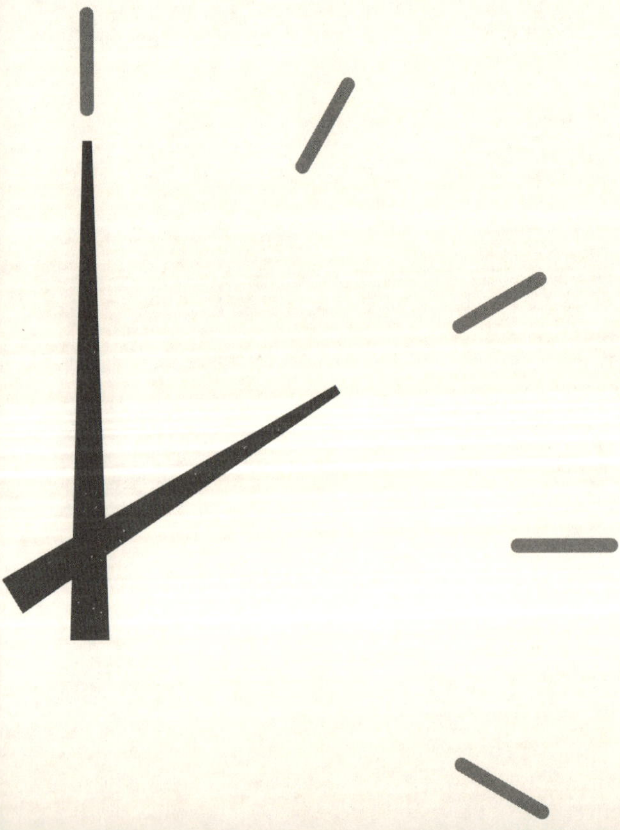

- TREZE -

SUPERE A PROCRASTINAÇÃO

DIZEM que "a procrastinação é o ladrão do tempo". Em um de meus seminários, um homem sábio expandiu esse ditado ao dizer: "A procrastinação é o ladrão da vida".

A habilidade de superar a procrastinação e realizar o trabalho dentro do cronograma pode ser o diferencial entre o sucesso e o fracasso na sua carreira.

No entanto, o fato é que todo mundo procrastina. Todo mundo tem muito o que fazer em pouco tempo. Mas, se todos procrastinam, qual é a diferença entre o alto produtor e o baixo produtor?

É simples. O *alto produtor* procrastina tarefas e atividades de baixo valor ou que não possuem valor algum. O *baixo produtor* procrastina tarefas com valor considerável para a empresa e a própria carreira do indivíduo. Para produzir no potencial máximo, decida se envolver em "procrastinação criativa" deste dia em diante.

Decida consciente e deliberadamente quais tarefas serão postergadas. Olhe para a lista de trabalho do dia e escolha os itens que não serão executados até que os itens muito mais importantes sejam concluídos. Trabalhe consciente e deliberadamente em vez de procrastinar acidental e automaticamente.

Sempre tendemos a procrastinar nossas maiores tarefas, que geralmente também são as tarefas de maior valor. Há uma série de técnicas que podem ser usadas para superar ou ao menos gerenciar a procrastinação. Na verdade, existem bibliotecas repletas de livros, um ou dois deles escritos por mim, sobre o tema da superação da procrastinação. Observe algumas boas ideias que podem ser utilizadas imediatamente.

PROGRAMAÇÃO MENTAL

"Faça agora!"

Essas são talvez as palavras mais poderosas que podem ser usadas para aumentar a produtividade. Sempre que se perceber procrastinando uma tarefa importante, repita para si mesmo com energia e entusiasmo: "Faça agora! Faça agora! Faça agora!".

A descoberta surpreendente é que depois de ter repetido essas palavras 10, 20 ou até mesmo 100 vezes, você estará inconscientemente impelido a permanecer na tarefa importante e concluirá o trabalho antes de fazer qualquer outra coisa.

CONCLUINDO TAREFAS MAIORES

Henry Ford escreveu certa vez: "Qualquer objetivo poderá ser alcançado se for dividido em pequenas partes".

Qualquer grande tarefa que precisa ser concluída, assim será se for dividida em pequenas partes. Uma das melhores técnicas de todas é dividir a tarefa em "pequenos bocados". Pegue um pedaço de papel, anote cada pequena parte da tarefa a ser realizada e, de forma sequencial, desde a primeira tarefa até o trabalho final que levará à conclusão.

Em seguida, discipline-se para fazer o "número um" da lista. Às vezes, a decisão de agir na primeira etapa de uma tarefa grande torna mais fácil seguir para a próxima etapa e seguinte também. Às vezes, apenas se forçar a iniciar uma tarefa importante vai ajudá-lo a desenvolver o impulso e a energia necessários para trabalhar direito até concluir o trabalho.

O MÉTODO DA FATIA DE SALAME

Uma variação da técnica de "pequenos bocados" para superar a procrastinação é chamada de "método da fatia de salame". Assim como você não tentaria comer um pedaço de salame em uma única mordida, não tente realizar uma grande tarefa em um único período. Em vez disso, fatie a tarefa como se fosse um salame. Dessa forma, o tamanho é reduzido ao se cortar uma pequena parte de cada vez. Depois, decida completar aquela pequena parte antes de passar para a outra.

Toda vez que se sentar para fazer a tarefa principal, sobretudo se estiver sobrecarregado com outras responsabilidades urgentes, decida completar uma parte da tarefa de cada vez. Muitas vezes essa estratégia vai ajudá-lo a iniciar o projeto, fazendo com que seja mais fácil completar as partes dois, três, quatro, e assim por diante.

DESENVOLVA UM SENSO DE URGÊNCIA

Uma das qualidades humanas mais raras e valiosas no mundo do trabalho é o senso de urgência. Estima-se que apenas cerca de 2% das pessoas agem rapidamente para concluir o trabalho. Ao desenvolver uma reputação de ter "orientação para a ação" e de fazer o trabalho rapidamente, sua carreira vai se desenvolver de forma mais célere.

Quando perguntaram a 300 diretores executivos o que os funcionários poderiam fazer para seguir um caminho mais rápido nas corporações, 85% dos altos executivos deram a mesma resposta. As qualidades mais importantes que procuravam eram 1) a habilidade de definir prioridades e 2) a habilidade de começar o trabalho mais importante e fazê-lo rapidamente e bem.

Ao desenvolver a reputação de se dedicar Às tarefas mais importantes e concluí-las rapidamente e bem, você ficará felizmente surpreso com todas as oportunidades maravilhosas que se abrirão para você.

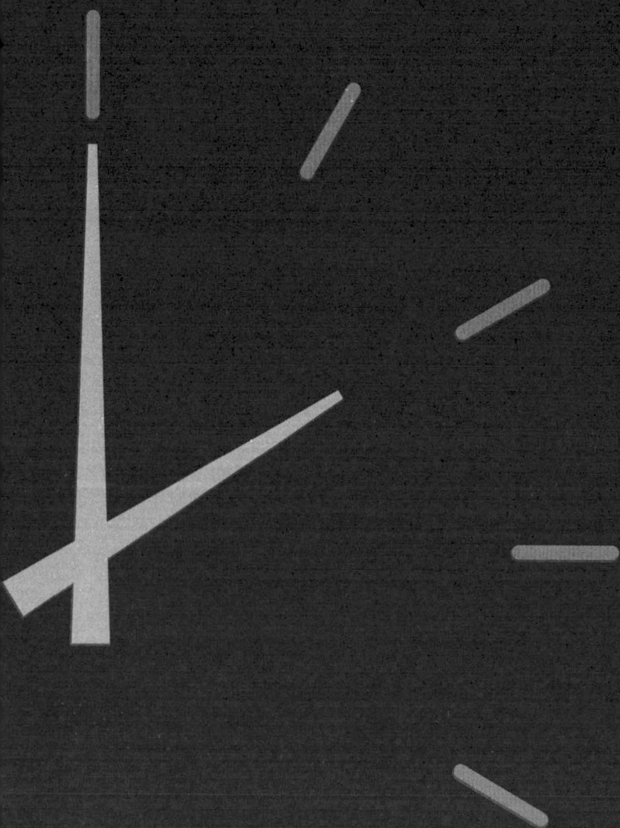

- CATORZE -

CRIE BLOCOS DE TEMPO

SÃO NECESSÁRIOS blocos de tempo ininterruptos para a realização máxima. Quanto mais significativo for o trabalho, mais importante se torna estabelecer blocos de tempo para trabalhar em projetos sérios.

É preciso, pelo menos, de 60 a 90 minutos para realizar qualquer coisa que valha a pena. Leva cerca de 30 minutos apenas para focar a mente em uma tarefa complexa, como preparar uma proposta, um relatório, ou até mesmo planejar um projeto importante. Ao iniciar a tarefa, é possível se concentrar com determinação, em um alto nível de consciência e de criatividade, para os próximos 60 minutos ou mais de trabalho sério e focado.

NÃO MISTURE CRIATIVO E ADMINISTRATIVO

Não se pode misturar tarefas criativas com tarefas funcionais ou administrativas. Não se pode executar, de fato, tarefas criativas e operacionais simultaneamente.

Elas exigem pensamento rápido ou lento, mas não ambos ao mesmo tempo. As atividades de escritório exigem pensamento rápido e de curto prazo. Tarefas criativas requerem pensamento, planejamento e aplicação.

Pense no tempo criativo como se fosse o "horário nobre interno" e no horário operacional como se fosse o "horário nobre externo". E não os misture. Não é possível realizar grandes trabalhos criativos que exijam foco e concentração em um ambiente de escritório típico, a menos que se coloque um sinal de NÃO PERTURBE na porta. Por outro lado, é preciso ser criativo para encontrar maneiras de se afastar do ambiente de trabalho com o propósito de concluir as tarefas das quais sua carreira realmente depende.

COMO CRIAR BLOCOS DE TEMPO

Observe várias recomendações para criar blocos de tempo que podem melhorar drasticamente a eficácia e a eficiência.

Primeiro, trabalhe de manhã quando estiver mais revigorado e mais alerta. Muitas das pessoas mais produtivas nos negócios se disciplinam a ir para a cama cedo para acordar Às 5 horas ou Às 6 horas da manhã, a fim de trabalhar de 60 a 90 minutos ininterruptos antes de entrarem no escritório. Mesmo que você chegue um pouco atrasado ao escritório, nesses 90 minutos de trabalho ininterrupto vai realizar tanto quanto um funcionário realiza em três horas dentro de um ambiente de escritório.

Outro momento que pode usar a seu favor é a hora do almoço. É uma ótima oportunidade para desligar seu telefone, a conexão com a internet e remover outras distrações enquanto todo mundo está fora do escritório, almoçando. Terá 60 minutos seguidos de paz e tranquilidade para trabalhar com determinação e concluir algumas das tarefas mais importantes.

NÃO PERTURBE

Outra estratégia que pode ser utilizada é fechar a porta do escritório durante certos períodos todos os dias, a fim de trabalhar com determinação nas tarefas maiores. Muitos executivos possuem uma placa de NÃO PERTURBE que conseguiram em um hotel e penduraram na porta do escritório. Todos sabem que, enquanto aquela placa estiver na porta, ninguém poderá interrompê-los, exceto no caso de uma verdadeira emergência.

Minha *controller*, uma mulher talentosa e habilidosa, reclamou que estava sobrecarregada com interrupções intermináveis de pessoas diferentes. Como resultado, não conseguia concluir o trabalho de contabilidade detalhado para enviar os demonstrativos financeiros e os relatórios no prazo. Depois que recomendei colocar uma placa de NÃO PERTURBE na porta e trabalhar sem parar por uma hora de manhã e uma hora à tarde, sem interrupções, a vida profissional dela foi transformada. Ela me disse depois que, em poucos dias, já estava completamente em dia. Além disso, nenhuma das interrupções eram tão importantes, que não podiam esperar um momento posterior.

GANHE HORAS EXTRAS

Essa é uma ótima técnica que praticamente todos os executivos que seguem um caminho mais rápido usam. É tão simples que deveria ser ilegal. Levante-se um pouco mais cedo e chegue ao escritório uma hora antes de todos os outros. Use essa hora para organizar o dia e para começar antes que haja possíveis interrupções. Em seguida, trabalhe durante o almoço e ganhe mais uma hora de produtividade. Finalmente, fique uma hora mais tarde, depois que todos foram para casa, e use esse tempo para encerrar o dia e completar as tarefas mais importantes.

Essa é uma técnica incrível! Ao ajustar o dia dessa forma, você evita o trânsito no caminho para o trabalho e vence o trânsito da volta para casa. Entre um e outro, acrescenta três horas produtivas para cada dia de trabalho e é possível concluir trabalhos duas, três, ou até mesmo cinco vezes mais rápido do que a pessoa média trabalha em horário normal. Com essa estratégia, pode chegar a dobrar a produtividade e transformar sua carreira.

Lembre-se de que você é um gênio em potencial. Uma das áreas em que pode mostrar a criatividade é a criação de blocos de tempo para fazer mais e começar a avançar mais rapidamente na carreira.

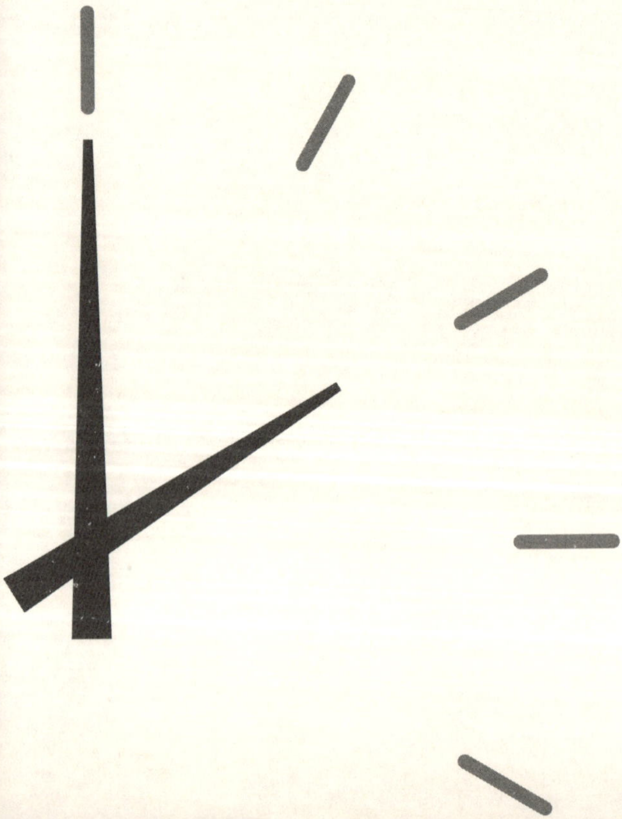

- QUINZE -

CONTROLE INTERRUPÇÕES

INTERRUPÇÕES INESPERADAS e não programadas estão entre os maiores desperdiçadores de tempo nos negócios e no mercado de trabalho. Essas interrupções podem ser um sino tocando no computador, o som do telefone, uma notificação de mensagem no celular ou pessoas entrando no escritório por precisarem conversar.

Sabemos que os maiores desperdiçadores de tempo no mundo do trabalho são as pessoas. Cerca de 50% do tempo no trabalho é gasto em bate-papo ocioso com colegas. Muitas pessoas vão trabalhar de manhã, começam a conversar com os colegas de trabalho e assim prosseguem pelas próximas duas ou três horas. Em muitos ambientes, as pessoas só começam a trabalhar seriamente perto das 11 horas da manhã, logo em seguida pausando para o almoço. Depois do almoço, retornam e conversam com os colegas um pouco mais. Dessa forma, o trabalho só recomeça de fato entre 13h30 e 14 horas.

TRABALHE O TEMPO TODO EM QUE ESTIVER NO TRABALHO

A regra é "trabalhar o tempo todo em que estiver no trabalho". Ao chegar ao trabalho, comece a trabalhar imediatamente. Não converse com outras pessoas, leia o jornal nem navegue na internet. Como o dia já foi planejado na noite anterior, comece imediatamente com a tarefa mais importante e mantenha-se assim, tarefa por tarefa, até conseguir realizar os trabalhos mais importantes.

MINIMIZE INTERRUPÇÕES

Quando alguém ligar para você, seja objetivo logo no começo. Diga algo como: "Olá, Bill. É bom ouvir sua voz. O que posso fazer por você?".

Vá direto ao ponto. Não perca tempo. Antes de ligar para o Bill, escreva rapidamente uma pauta com os pontos que deseja abordar no telefonema. Quando Bill estiver na linha, diga: "Sei como está ocupado. Há três pontos que preciso falar com você e depois você já retorna ao trabalho".

Essa abordagem é educada e profissional. Os empresários mais ocupados vão apreciar essa forma rápida e objetiva, desligando o telefone em seguida.

Quando alguém vier ao escritório para conversar, diga algo como: "Adoraria falar com você agora, mas realmente tenho de voltar ao trabalho. Tenho de concluir essa tarefa hoje à tarde".

Sempre que você disser as palavras mágicas: "Tenho de voltar a trabalhar", a outra pessoa pegará as coisas dela e sairá.

LEVANTE-SE IMEDIATAMENTE

Para minimizar o custo de tempo com interrupções inesperadas, quando alguém entrar no escritório, levante-se e aborde a outra pessoa dizendo algo como: “Estava de saída. O que posso fazer para você?”.

Então, saia com a pessoa do escritório e caminhe pelo corredor, conversando e ouvindo. Quando a pessoa terminar de falar, você a deixa voltar ao trabalho e volta ao seu escritório, retomando as tarefas.

Outra técnica é levar os visitantes externos para uma sala de reuniões em vez de trazê-los ao escritório. Assim, você educadamente define um limite de tempo no início da discussão ao dizer algo como: “Tenho uma ligação importante do nosso agente em Londres exatamente Ás 15h15. Não posso deixar de atender esse compromisso. Tenho certeza de que podemos decidir tudo o que for preciso até esse momento”.

No livro *O Gestor Eficaz*, Peter Drucker aponta que não apenas as pessoas desperdiçam o seu tempo como você também desperdiça o tempo das outras pessoas. Ele sugere que você tenha a coragem de perguntar a outras pessoas: “O que faço que desperdiça o seu tempo?”.[1] Ao convidar as pessoas a serem perfeitamente honestas com você respondendo a essa pergunta, ficará bastante surpreso com as ideias que ouvirá para ajudar a aumentar sua eficiência e eficácia, e as delas também.

[1] Drucker, Peter. **O gestor eficaz.** São Paulo: Atual, 2019.

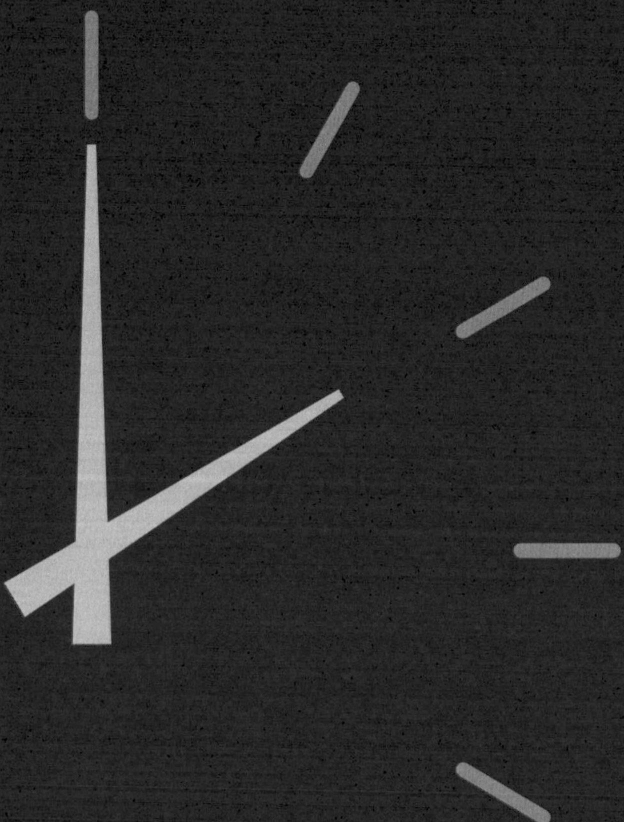

- DEZESSEIS -

AGRUPE AS TAREFAS

AGRUPAR tarefas significa simplesmente fazer coisas semelhantes ao mesmo tempo. Há uma "curva de aprendizado" em tudo que faz. Ao concluir uma série de tarefas semelhantes ou idênticas em sequência, a curva de aprendizado permite reduzir o tempo necessário de conclusão de cada tarefa em até 80% quando a quinta tarefa idêntica for finalizada.

Por exemplo, ao escrever cartas e correspondências ou responder e-mail, agrupe todos eles e faça-os ao mesmo tempo.

Ao agrupar as chamadas telefônicas, retorne todas, uma seguida da outra. Se você tiver de entrevistar várias pessoas, entreviste-as consecutivamente, uma após a outra. Faça todas as tarefas semelhantes ao mesmo tempo em vez de fazer um pouco agora e outro pouco mais tarde.

USE O E-MAIL A SEU SERVIÇO

A forma como lida com os e-mails vai ter um grande impacto na sua carreira. Há algumas pessoas que são escravas dos e-mails. Essas pessoas recebem uma notificação toda vez que um novo e-mail chega, e isso faz com que parem o que estão fazendo e se voltem imediatamente à caixa de entrada para verificar a mensagem. Na verdade, "trocam tarefas" e depois retomam o que estavam fazendo, imediatamente perdendo ímpeto, clareza e produtividade nas tarefas mais importantes.

Tim Ferris, no livro best-seller *Trabalhe 4 horas por semana*,[1] explica como passou de escravo do e-mail por doze a catorze horas por dia para dominar completamente o processo.

Primeiro, decidiu responder os e-mails apenas duas vezes por dia, Às onze horas da manhã e Às quatro da tarde. Depois, passou de duas vezes por dia para uma vez por dia, e para uma vez por semana. Mesmo respondendo e-mails uma vez por semana, a eficiência, a eficácia, a produtividade e a renda aumentaram.

Julie Morgenstern, especialista em gerenciamento do tempo, escreveu um livro chamado *Never Check E-Mail in the Morning* [*Nunca cheque seus e-mails pela manhã*, em tradução livre]. O título, e a própria ideia em si, representam um choque para a maioria das pessoas.

AS PESSOAS PODEM ESPERAR

Algumas das pessoas mais produtivas que conheço têm uma resposta automática para seus e-mails. É algo do tipo: "Só respondo meus e-mails duas vezes por dia por causa do cronograma apertado. Se você me enviou um e-mail, retornarei assim que puder. Se for uma emergência, ligue para tal telefone e fale com tal pessoa".

---

1 FERRIS, Tim. **Trabalhe 4 horas por semana.** São Paulo: Planeta, 2017.

Um jornalista ocupado contou que precisou ir para a Europa por duas semanas. O e-mail ficou inacessível o tempo todo. Quando voltou, tinha mais de 700 mensagens esperando por ele. Sabia que levaria muitas horas, até vários dias, para ler 700 e-mails. Então, respirou profundamente e pressionou "deletar tudo".

Foi uma atitude simples e ele disse: "Recuso-me a ser escravo de qualquer pessoa que me envie um e-mail e que espere uma resposta imediata. Além disso, se algum desses e-mails era importante, quem o enviou enviará novamente".

E ele estava certo; 90% dos e-mails deletados nunca foram repetidos, e os que ele deletou, que eram importantes, foram reenviados em poucos dias.

Tome a decisão de não permitir que o e-mail controle sua vida, não abane a cauda para ele como se fosse um cachorrinho. Em vez disso, discipline-se a usá-lo como uma ferramenta de negócios. Dê respostas rápidas e objetivas. Verifique-o apenas duas vezes por dia, ou até com menos frequência. Melhor ainda, deixe-o desconectado aos finais de semana e passe mais tempo com a família e com os amigos ou se envolva em atividades pessoais.

A boa notícia é que você provavelmente nunca perderá uma mensagem importante. Há pouquíssimas coisas que acontecem que não podem esperar mais um dia ou dois, principalmente nos negócios.

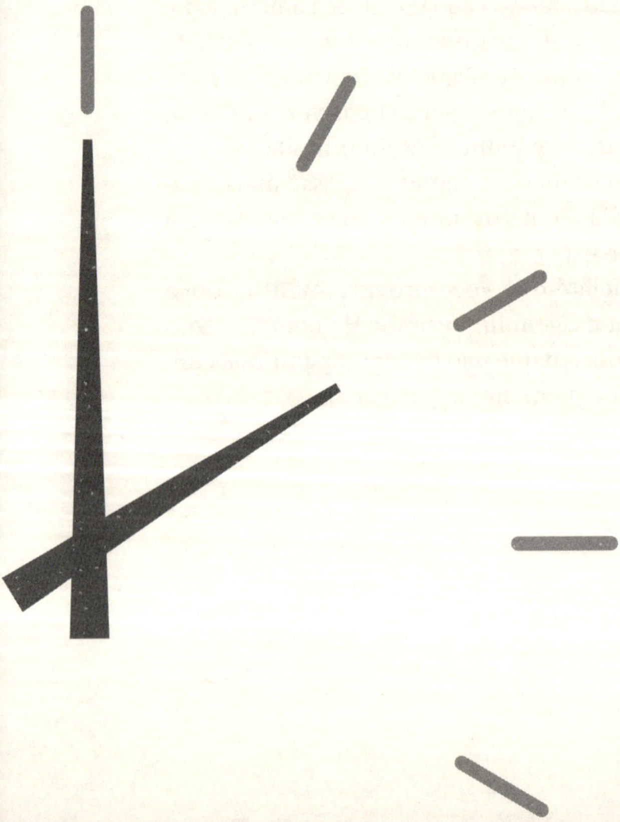

- DEZESSETE -

GERENCIE O TELEFONE

O TELEFONE PODE ser um excelente empregado ou um péssimo mestre, principalmente se você se sentir compelido a responder sempre que ele tocar. Para alcançar a máxima produtividade, coloque o telefone no lugar dele para não acabar escravo de qualquer um que discar seu número.

A melhor maneira de controlar as chamadas telefônicas é fazendo com que todas sejam examinadas pelo seu assistente administrativo; caso contrário, deixe o telefone no modo silencioso para que as chamadas caiam direto na caixa postal. Existem poucas chamadas ou mensagens que não podem esperar até ser mais conveniente para você voltar a atenção a elas.

Uma das razões pelas quais estamos nos tornando escravos da atração da distração é a *curiosidade*. Não conseguimos nos conter de saber quem está enviando uma mensagem, ou quem está na outra extremidade do telefone. A única maneira de resistir a essa tentação de se distrair é desligando completamente o telefone para nem o ouvir tocar.

Sempre que estiver reunido com funcionários e subordinados, ou com seu chefe ou clientes, mantenha as ligações em espera. Desligue o celular. Não permita interrupção alguma. Raramente há algo tão importante que não possa aguardar um tempo para ser resolvido.

Dez minutos de tempo ininterrupto em conversa com outro indivíduo será mais produtivo do que 30 ou 40 minutos com o telefone tocando e sendo atendido durante toda a conversa. Mais tarde, retorne as ligações, uma após a outra.

AGRUPE AS CHAMADAS

Se tiver de fazer uma série de chamadas telefônicas durante o dia, faça-as todas ao mesmo tempo. Reserve um período para se desligar de todas as outras distrações e só as faça para as pessoas importantes da lista. Anote o nome, o número e o assunto de cada pessoa para quem precisa ligar.

Agende telefonemas tão religiosamente quanto agendaria uma reunião com o chefe. Se for uma ligação importante, escreva uma pauta para a chamada, a fim de trabalhar a partir de uma lista ao falar com a outra pessoa. Há poucas coisas tão exasperantes quanto sair de um telefonema importante com uma pessoa difícil de ser alcançada e descobrir que esqueceu de abordar um ponto importante porque não o anotou.

SEJA EDUCADO E PROFISSIONAL

Ao ligar para outra pessoa, sempre pergunte: “É uma boa hora para falar?”. Os principais executivos usam essa frase educada e profissional para iniciar um telefonema, mesmo um telefonema já agendado previamente. Se surgir uma emergência nesse ínterim, pode não ser um bom momento para conversar, afinal. Se tentar seguir em frente com a conversa nesse ponto, a outra pessoa será incapaz de prestar muita atenção. Então, sempre pergunte: “É um bom momento?”.

Se a outra pessoa disser que não é um bom momento, ofereça-se para ligar mais tarde ou peça à pessoa que sugira um horário mais conveniente. Essa é uma maneira simples de mostrar cortesia e respeito, e você será apreciado por isso. Nunca suponha que a outra pessoa terá tempo para falar com você naquele momento, não importa o que tenha combinado com ela anteriormente.

EVITE TELEFONEMAS MALSUCEDIDOS

Faça o possível para evitar telefonemas malsucedidos. Defina compromissos por telefone exatamente como configuraria um encontro presencial no escritório. Ao ligar para as pessoas, deixe hora e número específicos em que estaria acessível. Quando as pessoas ligarem e você não conseguir falar com elas, peça à secretária um horário de retorno que seja conveniente para quem telefonou. Esse horário deve ocorrer durante as horas em que estiver no escritório ou disponível por telefone para que possa retornar as chamadas na hora.

Use o telefone como uma ferramenta de negócios. Atenda e desligue o telefone rapidamente. Vá direto ao ponto. Seja educado e amigável, mas profissional e orientado para resultados.

Quanto mais preciso e preparado estiver sobre o tempo e o conteúdo da conversa telefônica, mais coisas serão feitas, e de forma mais rápida e mais produtiva em cada chamada.

- DEZOITO -

CONDUZA REUNIÕES EFICAZES

ENTRE 25% E 50% do gerenciamento do tempo são gastos em reuniões de todos os tipos. Elas podem ser individuais, breves, no corredor, ou enquanto entramos e saímos do escritório; ou mais formais em um escritório ou sala de reuniões. Infelizmente, 50% ou mais do tempo de reunião é desperdiçado. Reuniões consomem enorme quantidade de tempo e produzem pouco valor duradouro. No entanto, também são uma ferramenta-chave de gerenciamento e devem ser usadas de forma eficaz.

CALCULE O CUSTO DA REUNIÃO

Certifique-se de ter um bom motivo para presidir ou participar de qualquer reunião. Encare toda reunião como um investimento de negócios, acrescentando um custo em relação ao tempo e aos salários dos gerentes e funcionários. Saiba o valor exato do pagamento combinado por hora para as pessoas que participam dessas reuniões e perceba que precisa obter um retorno sobre o investimento dessa quantia.

Se houver dez pessoas em uma sala, que ganham uma média de 50 dólares por hora, então uma reunião de uma hora vai custar 500 dólares da conta bancária da empresa. Se alguém quisesse gastar 500 dólares em um projeto e viesse até você para aprová-lo, você gostaria de saber o que a empresa ganharia com essa despesa. Provavelmente também pensaria sobre isso por um tempo antes de aprovar. Poderia até exigir mais informações e detalhes antes de se sentir confortável em autorizar um gasto de tal porte. Trate toda reunião dessa mesma maneira.

Evite reuniões desnecessárias. Sempre pergunte se a reunião tem de ser mantida de fato. Sempre que uma reunião for desnecessária, é necessário *não* a realizar. Se você pessoalmente não precisar comparecer à reunião, então não compareça. Se você estiver organizando a reunião, pergunte-se quem é essencial para ela e convide apenas essas pessoas. Evite convidar quem não precisam estar lá apenas para fazer com que se sintam bem ou importantes.

PREPARE UMA PAUTA

Prepare uma pauta por escrito para cada reunião e sempre a siga. Priorize os itens da pauta e lide com os mais importantes primeiro, caso o tempo seja corrido. Como líder da reunião, seu trabalho é manter a discussão no caminho certo e pressionar para concluir cada item antes de seguir em frente.

Inicie e termine as reuniões no horário determinado. Se houver pessoas que sejam sistemicamente atrasadas, considere bloquear a porta logo após o horário de início. Outra estratégia é supor que o retardatário não virá e apenas começar a reunião. Assim que começar, certifique-se de não haver interrupções enquanto estiver na reunião.

No livro best-seller *What got you here won't get you there* [*O que o trouxe até aqui não o fará chegar lá*, em tradução livre], Marshall Goldsmith diz que uma das maiores falhas em liderança é a tendência de dominar reuniões com a presença dos subordinados do líder. Como você é o chefe, todo mundo ouve quando fala. Com o tempo, as pessoas aprendem a não dizer nada nem interromper, e apenas deixam que fale o quanto quiser, sobre qualquer assunto que quiser.

FAÇA MAIS PERGUNTAS

Em uma reunião, seja como a velha coruja sábia que tem duas orelhas e uma boca. Use os ouvidos e a boca exatamente nessa proporção. Faça mais perguntas e ouça mais atentamente do que fala ou contribui para a pauta. Use uma reunião para obter o melhor pensamento de cada pessoa na sala, que não seria possível se você ficasse falando o tempo todo.

As melhores e mais eficientes reuniões são as realizadas em pé. Faça esse tipo de reunião, talvez no seu próprio escritório, de forma que ninguém se sente; assim, o que precisa ser discutido é feito de forma rápida e sucinta para que todos possam voltar ao trabalho.

É simples convocar tal reunião. Diga algo como: "No interesse do tempo, porque sei como todos estão ocupados, vamos fazer uma reunião em pé. Dessa forma, podemos abordar todos os assuntos da pauta e voltar ao trabalho mais rapidamente". Como as pessoas geralmente estão ocupadas, você descobrirá que, na hora e no lugar certos, esse tipo de reunião é muito apreciado pelos membros da equipe.

Como Peter Drucker escreveu certa vez: "Qualquer coisa a mais do que 25% do tempo gerencial gasto em reuniões é um sinal de desorganização".

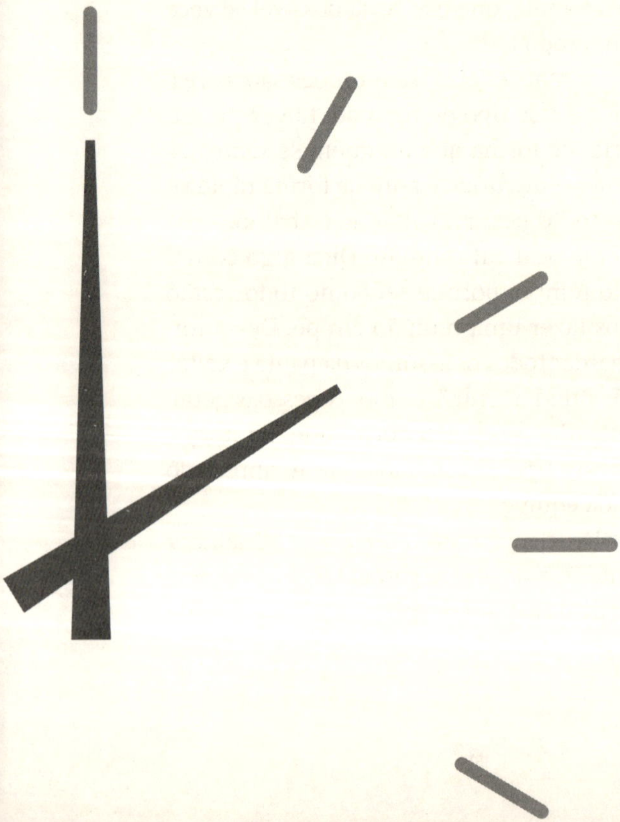

- DEZENOVE -

LEIA MAIS RÁPIDO, LEMBRE-SE MAIS

O EMPRESÁRIO MÉDIO hoje lê milhares de palavras de e-mails, relatórios, notícias, informações comerciais, artigos de revistas e outros dados. Para ser bem-sucedido hoje, é preciso se manter atualizado com os requisitos de leitura. Vivemos em uma sociedade baseada no conhecimento, e uma informação pode ter um efeito imediato para o trabalho e para a tomada de decisão.

Reserve um tempo para ser seletivo sobre o que lê. A melhor economia de tempo no mundo da leitura, e para se manter atualizado, é o botão "delete" no teclado do computador. Use-o logo cedo e com frequência. Resista à tentação de passar tempo lendo coisas sem valor imediato nem relevância para a vida pessoal e profissional.

APRENDA A LER RAPIDAMENTE

Não há como evitar todas as informações recebidas, mas você pode classificá-las e analisá-las em um momento e lugar que fizer sentido para você. Uma das habilidades mais importantes a serem desenvolvidas é aprender a ler rapidamente. Se você nunca fez um curso de leitura rápida, deveria fazê-lo agora. Esse curso permitirá triplicar a velocidade da leitura e o nível de retenção, provavelmente já nas duas primeiras aulas. As tecnologias desenvolvidas na leitura rápida são fenomenais, e qualquer um pode aprender a ler de 500 a mil palavras por minuto com altos níveis de compreensão.

AGRUPE A LEITURA

Ao se deparar com itens valiosos, resumos ou informações na internet, imprima-os e arquive-os, ou deixe-os em um cadastro digital no computador para ler mais tarde. Em vez de "mudar de tarefa", ou seja, afastar-se do trabalho para ler uma informação recente, deixe-a de lado para ler mais tarde. Depois de adquirir o hábito de fazer isso, ficará surpreso com a quantidade de leitura realizada, e com o aumento da atenção que dará ao material lido.

No que diz respeito aos jornais em especial, é possível ter as informações mais importantes publicadas no computador diariamente, ou ler a versão impressa. Em ambos os casos, dê uma olhada rápida e apenas leia o que for relevante para você. Nas reportagens, a informação mais importante geralmente está na manchete e no primeiro parágrafo. Muitas vezes, não é preciso ler todos os detalhes da história para entender exatamente o que aconteceu.

LEIA SELETIVAMENTE

As revistas são projetadas e criadas de forma a levá-lo a ler página por página. Isso ocorre para que haja a máxima exposição aos anúncios (o mesmo acontece nos jornais).

Por essa razão, leia revistas, jornais, informativos e boletins de forma seletiva, atendo-se apenas ao que for relevante e importante para você. Revise o índice e vá direto aos artigos de interesse para a vida pessoal e profissional. Uma ótima técnica para materiais impressos é chamada de "separação e leitura." Separe os artigos que deseja ler, coloque-os em um arquivo, e deixe-o com você para ler mais tarde, quando tiver um "tempo inativo".

Revise os livros cuidadosamente antes de decidir quais lerá. Inscreva-se em serviços de revisão de livros, tanto impressos quanto on-line, e obtenha as melhores ideias de qualquer livro em apenas alguns minutos.

APENAS DIGA NÃO

A melhor maneira de economizar tempo nos esforços de leitura é tomando a decisão de não ler nada. Ao triar cuidadosamente o prefácio, o índice, a introdução do material, bem como as informações sobre o autor, poderá perceber que o livro ou a revista não é importante para você. Nesse caso, interrompa a leitura ou descarte-a completamente, a fim de liberar mais tempo para fazer as coisas de maior importância.

DESENVOLVA UM SISTEMA

Ao longo dos anos, desenvolvi o ritmo e o hábito de ler três ou mais horas por dia sobre assuntos relacionados a negócios, economia, política e desenvolvimento pessoal. Isso equivale a mais de 150 mil horas de leitura no decorrer da minha carreira. Com as informações acumuladas, pude escrever mais de 60 livros, incluindo este.

Quando as pessoas me perguntam como consigo ler tanto, minha explicação é simples. Organizo a leitura e o trabalho um pouco por vez, minuto a minuto, hora a hora, voo a voo, e sempre que tenho algum tempo, como em um saguão de aeroporto esperando um avião.

Lembre-se de que "leitores são líderes". Não é possível manter-se atualizado na área de atuação e estar no topo do setor, a menos que alimente a mente, continuamente, mas seletivamente, com as informações geradas nos dias de hoje por algumas das pessoas mais inteligentes que já viveram.

- VINTE -

INVISTA NO DESENVOLVIMENTO PESSOAL

A COISA MAIS IMPORTANTE a ser feita para aumentar seu valor, melhorar os resultados e tornar-se mais relevante para o negócio é se tornar cada vez melhor nas coisas mais importantes que faz.

O autodesenvolvimento deve ser um processo contínuo e ininterrupto de uso de tempo todos os dias. É uma função-chave de gerenciamento do tempo que o manterá no caminho para a suíte executiva e muito mais.

Encontre tempo na agenda para continuar crescendo e se desenvolvendo. A regra básica no que diz respeito ao desenvolvimento pessoal é não ir além com o conhecimento atual e as habilidades do que já foi no decorrer de um dia. Para se aprofundar e obter sucesso na carreira, é preciso adquirir mais conhecimento. É preciso aprender mais para ganhar mais.

MELHORIA CONTÍNUA E INFINITA

Trabalhe para se desenvolver e melhorar a cada dia. Se conseguisse ler algo uma hora por dia para melhorar a capacidade de execução do trabalho, isso o levaria ao topo de 1% da nossa sociedade dentro de cinco anos.

Ouça programas de áudio educacionais quando estiver viajando de carro. Atualmente, praticamente todas as melhores informações e ideias já reunidas em inglês, ou em qualquer outro idioma, estão disponíveis em gravações de áudio em CDs ou em downloads para smartphone ou tablet.

O viajante médio gasta de 500 a mil horas por ano no carro. São 12 ou 20 semanas de 40 horas, equivalentes a um ou dois semestres universitários. Isso significa obter o benefício de frequentar a universidade quase em tempo integral simplesmente transformando o tempo de viagem em tempo de aprendizado. Se não ouvir programas de áudio no carro ou quando estiver viajando, perderá uma das grandes oportunidades de aprendizagem que existem hoje.

PARTICIPE DE SEMINÁRIOS MINISTRADOS POR ESPECIALISTAS

Participe de seminários e oficinas ministradas por especialistas da sua área de atuação pelo menos quatro vezes por ano. Seja agressivo na busca desses seminários. Esteja preparado para viajar grandes distâncias para aprender com as melhores pessoas do ramo.

A chave é participar de seminários ministrados por pessoas com experiência prática, que já alcançaram sucesso na área. Tente evitar palestras e seminários de professores universitários que escrevem em suas torres de marfim. Essas pessoas raramente estiveram em campo, e o que ensinam tende a ser academicamente correto, mas praticamente inútil. Quase não há como aplicar as ideias deles para obter melhores resultados no trabalho.

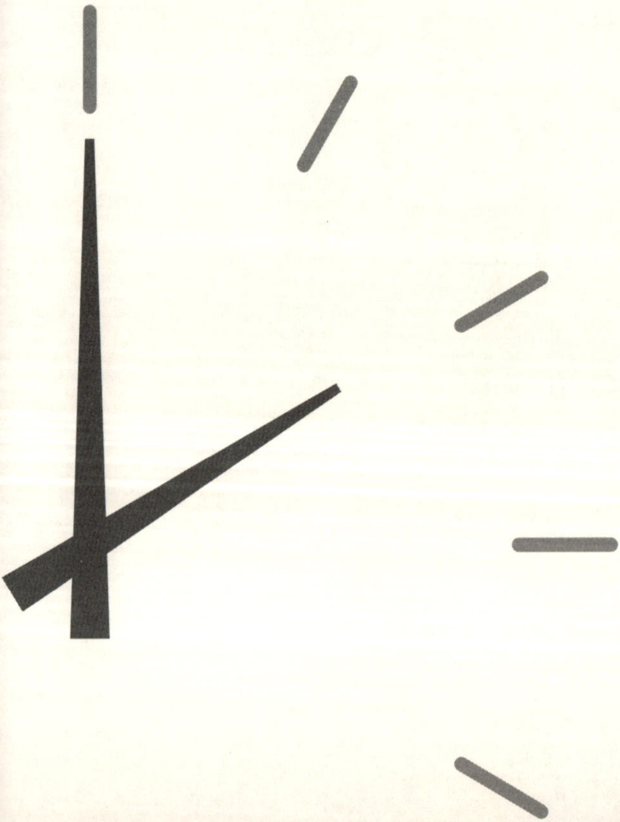

- VINTE E UM -

ORGANIZE O ESPAÇO DE TRABALHO

UMA DAS GRANDES ferramentas de gerenciamento do tempo é trabalhar em uma mesa limpa e em um espaço de trabalho organizado. Assim como um excelente chef limpa a cozinha antes e depois de cozinhar, você deve organizar o espaço de trabalho completamente antes de começar a trabalhar. Um dos empresários mais bem-sucedidos na história recente disse que a chave para o sucesso dele era "sempre trabalhar com uma mesa limpa".

Peter Drucker observou que executivos eficazes sempre têm uma mesa limpa. Tudo deve ser removido e guardado, exceto a única coisa em que estiverem trabalhando no momento, e é por isso que conseguem se concentrar com maior clareza e fazer mais, com mais qualidade, em um menor período.

Deixe todos os documentos nos arquivos apropriados, tanto de forma física quanto on line. Lide apenas com a tarefa atual. Tente se concentrar em apenas um item por vez sempre que possível.

Os melhores profissionais em todos os campos mantêm uma arrumação do espaço de trabalho altamente ordenada em todos os momentos. Pense em um carpinteiro, um dentista ou um médico. Eles limpam e reorganizam tudo à medida que o dia vai passando.

Arrume tudo e mantenha a organização. Certifique-se de que o escritório tenha suprimentos e materiais totalmente estocados e disponíveis à mão e descobrirá que nada é mais destrutivo para a eficiência e para a eficácia do que ter de começar um trabalho e depois parar e recomeçar, por falta de preparação ou de suprimentos adequados.

ORGANIZAÇÃO AUMENTA A PRODUTIVIDADE

Muitas pessoas acreditam que trabalham de forma mais eficaz em um ambiente de trabalho bagunçado e com uma mesa desordenada. No entanto, todo estudo feito mostra que quando as pessoas são forçadas a limpar o ambiente de trabalho para que tenham apenas uma tarefa pela frente, a produtividade dobra e até triplica; e isso geralmente ocorre da noite para o dia.

As pessoas que trabalham com mesas desordenadas gastam uma enorme quantidade do tempo de trabalho diário procurando os materiais que precisam em meio à desordem ao redor. Psicologicamente, a visão de uma mesa ou de um escritório bagunçado fornece um feedback subconsciente que reforça a percepção de que você é desorganizado. Isso leva à distração contínua enquanto os olhos e a atenção passam de um item para outro o tempo todo.

CONCLUSÃO

O PONTO-FINAL sobre o gerenciamento do tempo é o conceito de equilíbrio. As coisas mais importantes que podem ser incutidas em sua vida são equilíbrio e moderação. Ao praticar os métodos, as ideias e as técnicas deste livro, você vai se tornar mestre em gerenciamento do tempo, e terá mais momentos para a família e para a vida pessoal.

Muitas vezes, as pessoas adotam programas de gerenciamento do tempo para que possam aumentar o número de coisas a serem feitas de forma cotidiana. No entanto, como disse o sábio: "A vida é mais do que simplesmente aumentar sua velocidade".

O principal objetivo de aprender e praticar habilidades de gerenciamento do tempo é melhorar cada vez mais a qualidade geral da vida. É aumentar a quantidade de prazer e de felicidade vividos por você.

QUALIDADE DE VIDA

Por mais que seu trabalho seja apropriado para você, a qualidade de vida será amplamente determinada por três coisas. A primeira é a qualidade de *vida interior*, ou seja, quanto você se dá bem consigo mesmo, quanto gosta de si mesmo, e como se sente bem em relação ao próprio caráter e personalidade. O desenvolvimento interno demanda tempo e reflexão, além de leitura e divagações sobre as grandes questões da vida.

A segunda área é a *saúde*. Não há sucesso que compense a doença. Reserve um tempo para comer os alimentos certos, exercite-se regularmente, descanse e faça atividades recreativas. Às vezes, o melhor uso do tempo é ir para a cama cedo e ter uma boa noite de sono.

Finalmente, e mais importante de tudo, reserve um tempo para os *relacionamentos*. As pessoas com quem você se importa e que se importam com você são os fatores mais importantes em sua vida. Nunca se permita ficar tão envolvido no trabalho a ponto de ignorar a primazia dos relacionamentos essenciais com o cônjuge, com os filhos e com os amigos íntimos.

Uma grande vida é levada com equilíbrio. Se você passar tempo suficiente preservando e melhorando a qualidade dos relacionamentos, descobrirá que obterá mais alegria, satisfação e realização no trabalho; e encontrará o sucesso.

Um velho médico sábio observou certa vez: “Nunca falei com um empresário em seu leito de morte que disse que desejava passar mais tempo no escritório”.

Obrigado e boa sorte ao usar estas ideias em todas as esferas da vida.

Esta obra foi composta em *Swift Neue LT Pro*
e impressa por Gráfica Reproset sobre papel
Chambril Avena 70 g/m² para Editora Hábito.